Norwegen

Norwegen

Fotos von Max Schmid
Text von Hans-Joachim Schilde

Bechtermünz Verlag

Genehmigte Lizenzausgabe
für Weltbild Verlag GmbH,
Augsburg 1998

Copyright © by Reich Verlag AG,
Luzern/Switzerland
Alle Rechte vorbehalten

Umschlagmotive: Max Schmid
Umschlaggestaltung: KA • BA factory, Augsburg
Gesamtherstellung: Bawa Print
Printed in EU/Austria

ISBN 3-8289-3127-8

Inhalt

Das Land zwischen Skagerrak und Arktis 6

Ein eigener Menschenschlag, eine eigene Sprache 10

Norwegischer Pioniergeist 27

Eine kleine Geschichtswanderung 41

„Freundnachbarschaftliche" Beziehungen 48

Feuchtfröhliche Geschichten? 51

In Norwegens Kochtöpfe geguckt 65

Natürlichkeit und Bescheidenheit – eine Nationaltugend 87

Voll hinein ins Industriezeitalter 101

Svalbard – das Land der kalten Küsten 106

Von Menschenfreunden und Verrätern 122

Eine norwegische Spezialität – die Sommerarbeitszeit 124

Wunderbare Natur, unerbittliche Natur 141

Philosoph, Bauer, Rentierjäger 162

Oslo, eine lebendige Hauptstadt 166

Die Kirche 183

Die Samen 185

Karte 189

Das Land zwischen Skagerrak und Arktis

Segeln beim Nordkap im 19. Jh.

Zwischen Rentierherden und der Welt größten Off-Shore-Bohrinseln, zwischen Skagerrak und Arktis liegt dieser in Europa einzigartige Freiraum für das Individuelle, der gleichzeitig aber einer der härtesten Steuerbelastungen der Welt ausgesetzt ist. Eben hier klammert sich an eine rauhe, von Wellen zerfressene Küste ein Volk fest, das einst mit schnellen Langschiffen seinen ausdauernden, Furcht und Grauen verbreitenden Abenteuergeist fast dem Rest der Welt zeigte: Von Grönland über Irland bis zu den milden Stränden des Rheins, von Arabien bis hin zur neuen Welt Amerika – die Wikinger waren da. Ihre Nachfahren, die Norweger, haben zwar den feuerspeienden Drachenkopf der Boote mit dem friedlichen Kreuz des Christentums in ihrer blauweißroten Fahne vertauscht, haben Schwert und Kampfkeule weggelegt, doch eines haben sie bis heute beibehalten: den Stolz ihrer Ahnen!

Die Wikinger von einst sind inzwischen die blau-äugigen Araber Europas geworden. Vor ihrer Küste schlummert ein Erdgas- und Erdölvorrat, der selbst die gestandenen Herren der OPEC erbleichen läßt. Obwohl Norwegen dieser erlauchten Versammlung schon auf Grund seiner Nato-Mitgliedschaft nicht angehören will, haben die stolzen Scheichs der Wüste mit Respekt und Ärger zur Kenntnis nehmen müssen, daß trotz der arktischen Kälte und der Meerestiefen von fast 400 Metern, trotz der Abgeschiedenheit vom Rest Europas dieses 4,2 Millionen Menschen zählende Volk eine gigantische Leistung fertigbrachte, indem es der Nordsee – nicht umsonst die „Mordsee" genannt – das schwarze Gold entlockte.

Wir sprachen vom Stolz. Für die Norweger hat er etwas zu tun mit Ausdauer, Beharrlichkeit und Überlebenskunst. Während manch andere Nation allein ihres sogenannten „nationalen Seins" wegen an hohen Festtagen feierlich stramm und zu Tränen gerührt dasteht, hält der Norweger den Hut eher bescheiden in der Hand, mit einer gewissen Verlegenheit fast, und denkt daran, wie er es nur geschafft hat, die minus 47 Grad des letzten Winters durchzustehen, dem Orkan vor den Lofoten im Eismeer zu trotzen oder sich mit seinen sauer verdienten Kronen zu Weihnachten doch noch eine Flasche deutschen oder französischen Weinbrands für rund 100,– DM gekauft haben zu können. Erst dann, nach einem gewissen Zögern, kann er das meist blonde Haupthaar optimistisch in den Nacken werfen und mit Inbrunst, aber ohne übertriebene Lautstärke singen: „Ja, wir lieben dieses Land, das von dem Unbill der Natur zerfressen aus dem Meer sich emporhebt. Da haben wir es geschafft, Geschlecht auf Geschlecht ein Haus zu bauen, in dem wir von den Treuen der

Sagen leben und an Vater und Mutter zurückdenken."

Nichts, aber auch gar nichts an nationalistischer Selbstherrlichkeit ist in diesem Text des Nationalromantikers Bjørnstjerne Bjørnson zu spüren. 1832 geboren und im Jahre 1903 als erster Norweger mit dem Literatur-Nobelpreis ausgezeichnet, war es Bjørnstjerne Bjørnson, der mit seinen gewaltigen Worten das Gigantische der Felsnatur, das Frische des Nordmeeres mit der Einfachheit und Menschlichkeit der norwegischen Seele verband.

Wie sehr die Norweger ihre wilde Heimat lieben, veranschaulicht folgender Witz, der das Besondere der Norweger im skandinavischen Zusammenhang herausstellt:

In einer Kopenhagener Kneipe sitzen ein Schwede, ein Däne und ein Norweger zusammen. Bier und Aquavit geben sich gegenseitig die Ehre. „Du", sagt der Däne zum Schweden, „sei mal ganz ehrlich. Was möchtest du sein, wenn du kein Schwede wärst?" Der Schwede sieht aus bierseligen Augen den Dänen an, denkt bei sich: „Na, paß mal auf, der ist ganz schön kräftig gebaut", hebt sein Bierglas und ruft: „Lieber Freund, ich möchte natürlich ein Däne sein." Daraufhin fragt er seinerseits den Dänen, der sich nun nicht lumpen lassen kann und fröhlich zurückruft: „Ich möchte ein Schwede sein!" Beide sehen nun erwartungsvoll den Norweger an. „Na Freund, was möchtest du sein, wenn du kein Norweger wärst?" Der Norweger schweigt einen Augenblick, sieht sie beide an und antwortet: „ICH WÜRDE MICH SCHÄMEN."

Auch heute noch, im Zeitalter der Massenkommunikation und der mit Hilfe von Satelliten Grenzen und Kontinente überspringenden Fernsehprogramme, kommt es immer wieder vor, daß Norwegen im Sammelbegriff „Skandinavien" untergeht: Handelt es sich nun um den freundlichen Ausruf der amerikanischen Touristin „Skandinavia is lovely", wobei sie sich gar nicht bewußt ist, eigentlich von 5 Ländern zu sprechen, oder um die Ansage eines deutschen Kollegen beim Südwestfunk während eines Lifeprogramms zum Tode des *finnischen* Präsidenten Urho Kekkonen: „In der *schwedischen* Hauptstadt Oslo begrüße ich meinen Kollegen Hans-Joachim Schilde, der uns über die Feierlichkeiten zum Tode des *norwegischen* Ministerpräsidenten Kekkonen berichten wird." Es ist für die Norweger nicht immer einfach, klar zu machen, wo eigentlich ihr Land liegt und was sie wollen. Als Entschuldigung mag gelten, daß sie jahrhundertelang mit Dänen und Schweden zusammenlebten, verbunden durch Personalunionen, deren letzte mit den Schweden erst 1905 zu Ende ging.

Nur wenig kann eine nüchterne Zahl wie jene der geografischen Lage des Landes vom 57.

Bergen mit Hafen im 19. Jh.

bis zum 71. Grad nördlicher Breite über die Fülle von Wetter und Natur, von Sprache und Mentalitätsgegensätzen aussagen. Hier finden wir die nördlichste Stadt der Welt: Hammerfest, 70° 39' 46" nördlicher Breite – während der langen Polarnacht nur vom sich ständig verändernden Schauspiel des flammenden Nordlichts unterhalten –, aber auch den südlichen Sandstrand der idyllischen Kleinstadt Mandal, der zu Sommerszeiten, was das Leben anbetrifft, südeuropäischen Badevergnügungen in nichts nachsteht.

Nehmen Sie einen Zirkel, setzen sie die Spitze an der Hauptstadt Oslo an, den Schenkel auf Hammerfest und schlagen Sie nun den Kreis: östlich reicht der Radius bis Moskau, südlich bis nach Sizilien und westlich über Irland in den Atlantik hinaus. Nimmt man nun noch die Eismeerinsel Spitzbergen hinzu, die mit ihren 62 700 km² auch ein Teil Norwegens ist, dann würde sich das Land mit seinen rund 4 Millionen Einwohnern bis nach Saudi-Arabien und den Kanarischen Inseln erstrecken. Diese kleine Spielerei mag eine Vorstellung geben von Norwegens außergewöhnlicher Längenausdehnung.

Noch nicht einmal 15 Einwohner kommen auf den km², da wundert es keinen, daß vor allen Dingen Touristen aus dem dichtbevölkerten Mitteleuropa, in erster Linie Deutschland, in die Einsamkeit des Nordens strömen.

Norwegische Malerei.
Johan Christian Clausen Dahl (1788–1857):
Prinzessin Caroline Amalie

Ein eigener Menschenschlag, eine eigene Sprache

Trachtenfrau im Saetersdal

Abgeschiedenheit und Einsamkeit – hervorgerufen durch die dünne Bevölkerungsdichte, die sich tief ins Land schneidenden Fjorde, verstärkt durch ein gewaltiges Gebirgsmassiv, das zwei Drittel des Festlandes ausmacht – schaffen einen Menschenschlag, der sich zwar mit Interesse, aber auch Zurückhaltung dem Fremden nähert.

In Norwegen sind die Umgangsformen weniger steif als z.B. in Deutschland; doch darf das sofort benutzte „Du" bei der Anrede nicht darüber hinwegtäuschen, daß der Durchschnittsnorweger, wie die großartige Gestalt aus der Dichtung Henrik Ibsens „Peer Gynt", mit und an sich selbst genug hat.

Dies „mit sich selbst genug haben" ist keineswegs böse gemeint. Nur: Wenn man nach der auch für mitteleuropäische Verhältnisse kurzen Arbeitszeit nach Hause kommt, dann will man seine Ruhe haben, die Wohnung, das Haus genießen. Nicht umsonst zeigt sich der innere Standard der Häuslichkeit durch sehr viel Licht, Kerzen, warme Materialien und immer wieder Kunst geprägt. Das soziale Leben spielt sich für einen Großteil der Bevölkerung zu Hause ab. Die Gründe dafür sind relativ einfach zu finden: Die Restaurantpreise sind für den Normalverbraucher fast unerschwinglich, die Taxen teuer, die Nahverkehrsmittel schlecht ausgebaut. Beim

Trachtenpaar im Saetersdal

geringsten Verdacht auf Alkoholgenuß wird der Führerschein erst einmal für drei Wochen entzogen – da bleibt man schon lieber im trauten Heim! Wer in Norwegen die Gemütlichkeit der Kneipe an der Ecke sucht, sollte das am besten gleich wieder vergessen. In Norwegen gibt es so etwas nicht.

Nachdem die Großzeit der Wikinger langsam, aber sicher verschwunden war, begannen die Norweger, und dies in zunehmendem Maße nach dem Zweiten Weltkrieg, mit einer Lebenslüge. Ja, ich sage ganz bewußt Lüge, denn sie bestehen darauf, nicht gestört werden zu wollen, weil sie eine kleine Nation seien. Jedem, der es hören möchte, rufen sie doppelt und dreifach zu: „Wir sind eine kleine Nation – verstanden! WIR sind eine kleine Nation – wie bitte, Sie glauben was? Also hören Sie mal: „WIR SIND EINE KLEINE NATION" und damit SELA – Zeilenende."

Diese Lebenslüge ist nichts weiter als die Entschuldigung für das nicht Geleistete an Gutem im Leben einer Nation dem Rest der Welt gegenüber. Wer wie die Norweger, zusammen mit Rußland, das größte Meeresgebiet in Europa besitzt, wer, zusammen mit Rußland, die reichsten Erdgas- und Erdölvorkommen der Welt unter Wasser sein eigen nennt, der stellt keine „kleine Nation" dar, sondern kann sich ohne Scham zu den großen und vor allem wohlhabenden Industrienationen zählen, auch wenn er weder von Japanern, Amerikanern, Deutschen oder Italienern zum publicityträchtigen Wirtschaftsgipfel eingeladen wird.

Wer reine Bauern- und Fischerromantik am Ende Europas sucht, wird schnell enttäuscht. Seit Anfang der siebziger Jahre, seit dem ersten Erdöl- und Erdgasabbau, sind die Wikinger von einst durchaus gezielt, allerdings selten nur gerissen in der internationalen Finanzwelt zu Hause. Trotz des Wissens, buchstäblich die Energiekrane für Westeuropa mit in der Hand zu halten, haben sie ihre natürliche Bescheidenheit und Freundlichkeit nicht verloren. Sie auch als Freunde zu gewinnen ist jedoch nicht immer einfach.

Nun wird vielleicht mancher mit Entrüstung einwenden: „Aber ich habe doch …" und „ich bin doch damals eingeladen worden …" Sicherlich, Gastfreundschaft ist in Norwegen kein unbekannter Begriff, doch darf man deshalb nicht einem Traumbild in Sachen „Mensch – und Menschsein in Norge", wie der offizielle Werbe-Slogan heißt, nachjagen.

Sollte unter der Reise ein Unglück eintreffen, dann kann man mit der vollen Hilfsbereitschaft der Rettungsmannschaften rechnen, die auch das größte Risiko nicht scheuen, um in Notlage Geratenen beizustehen. Bestes Beispiel dafür ist die einmalige Rettungsaktion am fast tausend Meter steil ins Tal abfallenden Gebirgsmassiv „Trollvegen", wo zwei deutsche Fallschirmspringer beim „Freizeitvergnügen" eben nicht auf dem Erdboden, sondern auf einer Felshülle landeten. Unter dem Einsatz ihres Lebens retteten Norwegens beste Hubschrauberpiloten in Zusammenarbeit mit freiwilligen Bergsteigern die beiden.

BILDKOMMENTARE

Seite 13:
Prekestolen am Lysfjord. Der gigantische, quaderförmige Granitblock steht von der Bergwand ab, steigt senkrecht 600 m aus dem Wasser und ist von einer quadratischen Plattform gekrönt, die auf abwechslungsreicher Wanderung innerhalb von zwei Stunden erreichbar ist. Risse an der bergseitigen Verankerung erinnern daran, daß der Predigerstuhl (so die Übersetzung) eines Tages nicht mehr sein wird, auch wenn er noch Tausende von Jahren überstehen mag.

Seite 14, oben:
Freilebende Rentiere auf Wanderung durch das Hochland bei Geiranger.

Unten:
Herbst in einem entlegenen Winkel des Finntales bei Vågåmo.

Seite 15:
Von eiszeitlichen Gletschern skulpturierte Felslandschaft in Vest-Agder.

Seite 16, oben:
Zurückgezogenes, kleines Inselreich am inneren Ende des Lovrafjordes in Ryfylke, Rogaland.

Unten:
Revsvatn bei Jörpeland. Hier beginnt der Fußweg zum Prekestolen.

Seite 17, oben:
Eigenwilliger Standort eines alten Fischerschuppens bei Samnanger östlich von Bergen.

Unten:
An den Gestaden des Vindafjordes.

Seiten 18/19:
Der berühmte Trollstigveien in frühherbstlicher Stille. Die Paßstraße wurde im Jahre 1936 fertiggestellt und gilt heute als eine der touristischen Attraktionen des Landes, was im Sommer zu hohem Verkehrsaufkommen führt.

Seite 20, oben:
Szenerie auf der Paßstraße zwischen Samnanger- und Sörfjord.

Unten:
An vielen Stellen Norwegens zeigt die Erde ihr wahres, steiniges Gesicht, das von der äonenlangen Hobelarbeit der eiszeitlichen Gletscher freigelegt wurde. Hier bei Allfarheim in Vest-Agder.

Seite 21:
Wo sich einst die gewaltigen Eisströme auf dem Rückzug befanden, liegen die Findlinge. Der weitaus größte Teil des von norwegischen Bergen stammenden Gletscherschuttes wurde allerdings weit weg vom Ursprungsort abgelagert, in Gebieten wie Dänemark und der norddeutschen Tiefebene.

Seite 22:
Strudeltopf bei Bykle, Setesdalen.

Seite 23, oben:
Frühsommerliche Abschmelzmuster und die perfekte Spiegelung schaffen eine Art Landschaftsgrafik. Am Breidalsvatn bei Grotli.

Unten:
Bei Åna Sira in Rogaland.

Seite 24:
Verborgene Idylle am oberen Lauf des Flußes Gaula in Sogn og Fjordane.

„Danke" zu sagen fällt in Norwegen nicht nur leicht, sondern gehört zum Alltagsbestandteil der Sprache. An allen Ecken und Kanten hört man „Takk" – Danke; Takk, Takk – Danke, Danke; Tusen Takk – Tausend Dank; Mange Takk – Vielen Dank. Mit dem gleichlautenden Rhythmus des Takk, Takk, Takk kann man genauso leicht durch Norwegen kommen wie mit dem nicht zu verwechselnden Klang eines Wartburg-Zweitakters durch die frühere DDR – bei beiden braucht es nicht viel, um sich, wenn auch langsam, vorwärtszubewegen. „Bitte sehr" heißt ganz einfach „Vær så godt" – direkt übersetzt: „sei so gut", auch dies ein Ausdruck, der zum geflügelten Vokabular der Alltagssprache gehört.

Natürlich erwarten die Norweger nicht, daß Ausländer ihre Sprache beherrschen, die sich vom Schwedischen stark unterscheidet. Da kann schon ein einfaches „takk" auf Touristenseite den unverhofften Begeisterungssturm hervorrufen.

Norweger sprechen gut Englisch. Immerhin waren es die Norweger, die, verglichen mit der Pro-Kopf-Bevölkerungszahl, nach den Irländern die größte Auswanderungswelle nach Amerika stellten. Die Kargheit des Landes trieb sie in die Neue Welt, die einst von ihrem Vorfahren – dem Wikinger Leiv Erikksson – entdeckt wurde. Er nannte sie „Vinlandet", das Weinland, was ein Jahrtausend später natürlich schon vom Namen her Anreiz genug bot, Amerika aufzusuchen.

Typisch für den norwegischen Witz ist die Erklärung, warum wir so wenig über die Ent-

deckungsfahrt des norwegischen Wikingers in die Neue Welt wissen: Als Leif mit seinen Mannen endlich das amerikanische Festland vor sich sah, sprang er – mit Schwert und Keule bewaffnet und gefolgt von der Besatzung – gen Land. Nachdem sie den ersten Hügel erklommen hatten, erblickten die Wikinger eine Zeltstadt der Indianer vor sich. Woraufhin Leif zu seinen Getreuen sagte: „Freunde, wir fahren zurück. Hier gibt es keine Arbeit für tüchtige Tischler wie uns." – Bis heute stehen die Norwegisch-Amerikaner im Ruf, die besten Tischler der USA zu sein.

Nach 1945 sind die Deutschkenntnisse wegen der Besatzungszeit in den Hintergrund gedrängt worden. Dennoch verstehen die meisten Norweger etwas Deutsch, die Älteren fast alles.

Schon auf der Schule werden die Kinder mit zwei norwegischen Sprachen konfrontiert – dem Reichsnorwegisch und dem Neunorwegisch. Über vier Jahrhunderte war Norwegen ein Teil des dänischen Königreiches. Dänisch war damit die offizielle Sprache der Beamten, Pfarrer und Lehrer. Doch in den tiefen Tälern und engen Fjorden der Westküste ließen sich die freien Bauern die fremde Sprache aus Kopenhagen, die für sie gleichzeitig mit einem unnorwegisch-höfischen Getue verbunden war, nicht so leicht aufdrängen.

Aus vielen Dialekten, lautmalerisch gediegen in ihrer inneren Kraft der Ausdrucksform und viel blühender als die dänische Sprache, schufen sie das Neunorwegische, das jedoch erst 1885 dem Riksmål – der Reichssprache – gleichgestellt wurde. Ivar Aasen sammelte in den Dörfern Südwest- und Mittelnorwegens die speziellen bäuerlichen Vokabeln und ist so der eigentliche Vater einer Sprache, deren Lebenskraft und Urwüchsigkeit dem Beamtennorwegisch dänischer Prägung in Sachen Sprachdynamik überlegen ist.

„Jeg" heißt „ich" – im Dänischen wie im Norwegischen. Neunorwegisch sagt man dagegen „eg". Schwieriger wird es dann schon bei einem Wort wie Unterhaltung – auf dänisch und reichsnorwegisch heißt es fast wie im Deutschen „Underholdning", auf neunorwegisch jedoch „tidstrøyte".

War über vier Jahrhunderte hinweg Kopenhagen die Hauptstadt Norwegens, so drückte sich der Protest gegen die unerwünschte Union in erster Linie durch die Beibehaltung der heimischen Sprache aus. Einen Konflikt, wie z. B. in Belgien zwischen Flamen und Wallonen, der auf beiden Seiten blutige Opfer forderte, gab es in Norwegen allerdings nicht. Die „Neunorweger" erreichten, daß sämtliche offiziellen Papiere in zwei Sprachen erscheinen müssen, und erzielten zu Beginn der 70er Jahre dieses Jahrhunderts ihren größten Erfolg. Norwegens Parlament, das Storting, bestimmte, daß der norwegische Reichsrundfunk (NRK) – wie man schon aus der Bezeichnung ersehen kann, ist er staatlich – 25% seines Rundfunk- und Fernsehprogrammes auf neunorwegisch senden muß. Dies zum ständigen Ärger der „Reichsnorweger", die das gemeinsame skandinavische Sein ihrer Sprache durch das Neunorwegische gefährdet sehen.

Wenn also mancher Norwegenliebhaber stutzt, weil auf einem Geldschein oder auf einer Briefmarke „NOREG" steht, keine Angst: es liegt keine Fälschung vor, sondern nur die neunorwegische Version des reichsnorwegischen „NORGE".

Da der touristische Zustrom nach Norwegen aus Mitteleuropa zunimmt, noch zwei kleine Sprachhilfen. Bier heißt Olje, wie Öl oder Autoöl. Sahne ist Fløyte, was wie Flöte ausgesprochen wird. Also bitte nicht dumm gucken, wenn sie im Café gefragt werden, ob sie zum Kaffee auch gerne Flöte möchten. Mit Musik hat dies nichts zu tun.

Norwegischer Pioniergeist

Stapellauf der „Fram", Nansens Expeditionsschiff, im Jahre 1892

Norwegen ist mit seinen 387 000 km², diese Zahl schließt die Arktisinseln Spitzbergen und Jan Mayen mit ein, fast genau 30 000 km² größer als Deutschland. Allein mit Schweden hat das Land eine Grenzlänge von 1 619 km gemeinsam, mit Rußland 196 km und mit Finnland 772 km. Summa summarum sind das 2 542 km. Doch das Königreich Olav V. erstreckt sich nicht nur vom Skagerrak bis zum Nordpol, sondern bis zum Südpol! Die beiden Inseln Bouvet und Peter 1, zusammen etwas über 300 km², sind fest in norwegischer Hand. Dazu kommt der Anspruch, die gewaltige mittlere Masse des Südpolgebietes ausnutzen zu dürfen. Wahrlich zeigt sich hier eine arktische und antarktische Supermacht, die nur wegen der geringen Bevölkerungsgröße vorsichtig auftreten muß.

Männer wie Fridtjof Nansen und Roald Amundsen haben zu Beginn dieses Jahrhunderts durch ihren abenteuerlichen Pioniergeist den Anspruch der Norweger auf Arktis und Antarktis gefestigt.

Der dramatische Wettlauf zum Südpol mit

dem Engländer Scott, der mit Motorschlitten und Pferden den Südpol bezwingen wollte, brachte Roald Amundsen den Welterfolg. Wie einst die Vorfahren, baute er aus der Erfahrung polarer norwegischer Natur leichte Holzschlitten, richtete Grönlandhunde ab und besiegte so die unmenschliche Natur der Antarktis. Am 14. 12. 1911 konnte er mit seinen Getreuen die norwegische Fahne am Südpol hissen. Am 25. 1. kam er zu seinem Schiff zurück. Ungefähr 660 km vom Südpol entfernt wäre er mit seinen Getreuen im Gebiet des sogenannten „Ochsenkopfes" fast umgekommen. Schneebrücken, die als solche nicht zu erkennen sind, überdeckten riesige Gletscherspalten. Amundsen schrieb in sein Tagebuch: „Die Spalten sind gigantisch. Blickt man in ihre Tiefe, verwandelt sich das hellblaue Licht in ein unergründliches Schwarz. Die Spalten sind so groß, daß sie ohne weiteres unser ganzes Schiff, die Fram, verschlingen könnten."

Roald Amundsen kam aus der südlichen Kälte zurück. Der Abgesandte der britischen Krone, Scott – versehen mit den Hilfsmitteln der Zivilisation, stur auf die Technologie der damaligen Tage vertrauend –, starb mit seinen Mannen kraftlos im Schnee. Nachdem er am 17. 1. 1912, einen Monat später als Amundsen, den Südpol gefunden hatte, geschmückt mit dem Kreuz der norwegischen Fahne, schaffte er den Rückweg nicht mehr.

Roald Amundsen, der auf Grund finanzieller Schwierigkeiten bei Nacht und Nebel Oslo mit der Fram verlassen mußte, hatte von seinen Vorfahren, den Wikingern, gelernt. Er vertraute in Anpassung an die Natur eben dieser Natur! Wie einst die Wikinger mit Ruderkraft und Segeln große Teile der damaligen Welt beherrschten, so gewann er den Wettlauf gegen die Hochtechnologie des britischen Imperiums durch sein Studium der Überlebenstechniken der norwegischen Vergangenheit.

Daß Scott ausgerechnet aufgrund der versagenden Technik umkam, verstärkt die These, daß Arktis und Antarktis leichter, jedenfalls zur damaligen Zeit, mit natürlichen Mitteln (wie Hunden, Holzschlitten, Kajaks) als mit Motorenkraft zu bezwingen sind.

Ich habe bereits auf die große Charaktereigenschaft der Norweger hingewiesen, in Notfällen ohne Rücksicht auf die eigene Sicherheit anderen, Fremden, zu helfen. Diese selbstlose Bereitschaft wurde Roald Amundsen, der für mich *der* Norweger schlechthin ist, zum schicksalsvollen Verhängnis. Irgendwann nach dem 18. 6. 1928 verschwand er mit seinem Flugzeug, der Latham, in der Arktis. Der Grund des letzten Fluges, der von der Eismeermetropole Tromsø ausging: dem Italiener Umberto Nobile, der mit Pomp und Pracht mit seinem Luftschiff „Italia" über den Nordpol nach Amerika wollte, Hilfe in der Not zu bringen. Als der General aus Italien am 24. 5. den Nordpol überflog, stürzte er in der Eisöde ab. Ein Funkspruch wurde aufgefangen. Ohne zu zögern, und dieses „ohne zu zögern" ist so typisch für Norweger, machte sich der weltberühmte Südpolbezwinger auf den Weg, obwohl er von Nobile und dessen theatralischem Wesen nicht viel hielt, ihn sogar vor der Expedition und vor den Gefahren gewarnt hatte. Roald Amundsen stürzte ab und starb. Nobile wurde gefunden, lebend.

Dem großen Sohn, der stets mit finanziellen Schwierigkeiten für die Durchführung seiner Ideen kämpfen mußte, hat der norwegische Staat, wie fast immer nur mit Hilfe von Privatpersonen, ein Denkmal gesetzt – auf der Insel Bygdøy. Fünf Schiffminuten vom Osloer Zentrum entfernt steht das Amundsen-Museum, wo das Polarschiff Fram und einer der Benzintanks der abgestürzten „Latham" zu sehen sind. Stundenlang kann sich der interessierte Besucher in die Lebensgeschichte dieses ungewöhnlichen Mannes und seiner Freunde und Begleiter vertiefen. Ein Hauch von Sehnsucht überkommt jeden, der diesen Tempel des unbezähmbaren Abenteuermutes betritt, Sehnsucht nach dem Mut zur Einfachheit und Selbstdisziplin, zu einem Leben, das auf Bequemlichkeit verzichtet, weil vor ihm Grenzen liegen, Grenzen des Unbekannten, die es für die Menschheit zu überwinden gilt.

Wer das Museum betritt, wird sofort auf einen älteren Herrn mit gradem Rücken und weißem Haar aufmerksam. Harald Müller – pensionierter Schiffskapitän, der die sieben Meere wie seine Westentasche kennt – ist Leiter des Museums. Zweimal vor Neufundland von deutschen U-Booten torpediert, hat er mehrere seiner Matrosen aus dem eiskalten Wasser gerettet. „Ich hatte genauso deutsche Matrosen aus den

Fluten hochgezogen", sagte er mir in gutem Deutsch, „damals herrschte Krieg mit seinen eigenen, grausamen Gesetzen. Doch für mich bleibt Mensch immer Mensch; auch während des Krieges war das nicht anders."

Harald Müller – 76 Jahre alt – ist der beste Beweis dafür, daß der Geist des großen Vorgängers Roald Amundsen nicht ausgestorben ist. Für jeden Besucher ist dieser Norweger auf deutsch oder englisch immer ansprechbar. Voranmeldung ist bei ihm keine Bedingung.

Auf Bygdøy, der Museumsinsel, finden wir noch weitere Wahrzeichen des norwegischen von Abenteuerlust und Mut geprägten Charakters. Einen Steinwurf von dem Frammuseum entfernt, das neben Roald Amundsen dem zweiten großen Polarforscher der Norweger – Fridtjof Nansen – geweiht ist, liegt das Kon-Tiki-Museum. Der Weltensegler Thor Heyerdal, 1914 geboren, baute 1947 in Peru ein Floß, um seine Theorie unter Beweis zu stellen, daß die Polynesier aus Südamerika kamen und nicht wie angenommen aus Asien. Mit fünf Begleitern trieb er 8 000 km nach Tahiti. Seine große Forschungsarbeit auf den Osterinseln führte zur Entdeckung von 1 000 in einer Höhle verborgenen Steinskulpturen. Vor zwei Jahren trieb es ihn auf die Malediven, wo er eine bisher unbekannte Kultur ausgrub.

„Mein Blut", sagte er mir, bevor er wieder zur Osterinsel flog, „hat die Unruhe der Wikinger in sich. Unsere Welt ist voller ungelöster Rätsel, und trotz meiner 72 Jahre kann ich mit meiner Forscherarbeit nicht aufhören. Der

Grund dafür ist einfach – immer wieder haben wir durch unsere Expeditionen bewiesen, daß Jahrtausende vor unserer Hochtechnologie Menschen Mittel und Möglichkeiten besaßen, für uns unglaubliche Leistungen zu vollbringen. Diese Forschungsresultate machen mich dem Leben und der Geschichte gegenüber demütig. Bei unseren Fahrten erlebten wir, daß die Weltmeere mehr und mehr Verschmutzungserscheinungen zeigen. Mir wird schlecht bei dem Gedanken, daß unsere Generation nichts als eine ökologische Katastrophe hinterläßt."

Diese Worte hätte ebenso ein Roald Amundsen sagen können. Der blonde Hüne Heyerdahl hat jedoch seiner Heimat den Rücken gekehrt. Das Nein des Staates, das Kon-Tiki-Museum zu finanzieren, hat den großen Forscher über die Kleinlichkeit seiner Landsleute verbittert und in den sonnigen Süden nach Italien vertrieben. Dort lebt er wie einst die Wikingerkönige im Ausland, inmitten seiner Weintrauben, ist Bauer und Schriftsteller zugleich, doch wenn ein neues Abenteuer lockt, verläßt er die milde Umgebung und steht wieder seinen Mann – ohne Luxus, ohne Sicherheit, ohne staatliche Hilfe.

Der Menschentyp eines Heyerdahl oder Amundsen ist keine Einzelerscheinung. Die Lust zum Abenteuer, das sich bewußte Aussetzen von Gefahren liegt ganz in der Tradition der Vorfahren, der Wikinger. Standen in Ägypten bereits die Pyramiden, wuchsen in Griechenland Dichtung und Kultur, so lebte man im hohen Norden abseits und unbeeinflußt von den Strömungen der damaligen menschlichen Kulturelite. Erst fünf Jahrhunderte vor Christus, nach dem Bekanntwerden des Eisens, legten die Nordbewohner ihre Stein- und Knochengeräte beiseite, eine Entwicklung, welche die Streitsucht der Wikinger wesentlich begünstigte. Dieses rauhe Geschlecht, das fast 3 Jahrhunderte die Küsten Europas beherrschte – der Name „Normandie" kommt von eben jenen Wikingern aus Norge –, stellte jedoch gleichzeitig die besten Seeleute und Navigatoren der Welt. Die Langschiffe waren nicht nur weit entfernt von jeglichem Luxus heutiger Traumschiffe, sondern hatten dazu noch über zwei Drittel des Deckes offen. Im härtesten Meeresgebiet der Welt, dem Eismeer, der Nordsee und dem Nordatlantik, war die Mannschaft Wogen, Wind, Eis und Schnee schonungslos ausgesetzt. Die schlanken Schiffe durchschnitten jedoch die Wellen elegant und waren mit ihren handgeschnitzten Verzierungen, meistens bestanden diese aus feuerspeienden Drachenköpfen, wirkliche Kunstwerke. Es ist kein Zufall, daß nur einen Kilometer von Kon-Tiki- und Fram-Museum entfernt das Museum der Wikingerschiffe steht – verpflichtende Tradition findet so ihren sichtbaren Ausdruck.

Wir können uns fragen, was denn eigentlich die Wikinger dazu veranlaßte, ihre doch geschützten Buchten aufzugeben, Frau und Kinder für gefahrvolle Reisen zu verlassen? Ich glaube, dies hat etwas mit der Lust am Rausch zu tun. Die Wikinger waren nicht nur harte Kämpfer, sondern auch harte Trinker und Esser. Sie müssen, verglichen mit uns, betongleiche Mägen gehabt haben. Den tödlichen Fliegenpilz benutzten sie als narkotische Stimulanz. Im Fliegenpilzrausch ertrugen sie Strapazen, erleichterten ihr Gewissen bei Vergewaltigungen von Nonnen, Plünderungen von Klöstern und dem hemmungslosen Aufeinander-Losgehen, wenn es darum ging, zu Hause die internen Querelen im von Kleinkönigen beherrschten Norge auszutragen. Glauben wir der Sage, so schlug ein Wikingerkönig mit dem Schwert plötzlich den Kopf eines seiner Getreuen ab. Verdutzt fragten ihn seine Männer: „Warum machst Du das? Bist Du verrückt geworden?" Er antwortete: „Was wollt ihr denn, er stand doch so gut da!"

Ich traf beim Staatsbesuch Helmut Kohls in Norwegen auf dem deutschen Soldatenfriedhof Alfaseth in Oslo eine deutsche Offiziersfrau, die mir ihr Leid mit den norwegischen Nachbarn klagte. Sie sagte zu mir: „Wissen Sie, die Norweger werfen uns immer vor, wir Deutschen seien im Kriege so schlimm gewesen, aber sie verstehen überhaupt nicht, wenn ich ihnen antworte: ‚Na, wie war das denn mit euren Wikingern?'"

Norwegische Malerei. Halfdan Egedius (1877–99):
Mari Clasen

BILDKOMMENTARE

Seite 33:
Regen und Nebel setzen geheimnisvolle Akzente. Länger während Wasserrinnsale begünstigen das Wachstum von Algen und lassen den nackten Fels in gestreifter Musterung erscheinen.

Seite 34:
Am blanken Ufer des Nissersees mit den gletschergeschliffenen Bergstöcken im Hintergrund, die einst als Nunataks aus dem Inlandeis guckten und zeitweise auch gänzlich von Eis bedeckt waren.

Seite 35, oben:
Wald- und Seengebiet bei Bolkesjø in Telemark.

Unten:
Eine Föhre, die ihr früheres Leben vielleicht als Spinne gefristet haben mag.

Seite 36, oben:
An den steinigen Ufern des Nissersees treibt ein von den umgebenden Tannenbäumen stammender dichter Teppich aus Blütenstaub.

Unten:
Die märchenhaften Lichtspiele der beredten nordischen Sommernächte lassen Gefühle von tiefer Ruhe und Mystik entstehen.

Seite 37:
Ein Regentag am Geirangerfjord läßt zahlreiche große und kleine Wasserfälle rauschen.

Seite 38:
Rauschendes Wasser hoch über dem Fyresvatn.

Unten:
Stilleben von Fels und Wasser auf der Fyresdalsheiene.

Seite 39, oben:
Karges Fjell bei Gautefall, Telemark.

Unten:
Morgennebel am Tarjeisberg, Nissersee.

Seite 40:
Viele der Binnenseen zeigen die gleichen topographischen Züge wie die Fjorde an den Küsten und werden denn auch öfters als solche bezeichnet. Sie sind tief, lang, relativ schmal und somit typische Überbleibsel eiszeitlicher Schürfarbeit.

35

Eine kleine Geschichtswanderung

Wenn Norweger Namen wie „Erik der Rote" oder „Erik mit der Blutaxt" zitieren, dann wird es ihnen trotz des einst geflossenen Blutes doch etwas warm in der Stimme, der Grund ist einfach: die Wikinger haben bewiesen, daß man an der Küste eines kargen Landes mit Holz und Eisen unter härtesten Wetterbedingungen nicht nur leben, sondern von eben dieser Küste aus die Welt entdecken kann. Denken wir an einen Mann wie Erich den Roten. Er entdeckte Island, fand den Weg nach Grönland. Seine Nachfahren sprechen immer noch das Altnorwegische – die Mundart der Wikinger. Er war ein Abenteurer, Stadtgründer, war ein Seemann von gleichem Range wie Columbus. Auf Neu-Fundland hat der norwegische Polarforscher Helge Ingstad das „Weinland" der Wikinger gefunden und damit den Beweis erbracht, daß von Norwegen aus Amerika entdeckt wurde. Doch die Wikinger leben nicht nur in der Geschichtsstunde – ihr spezielles Essen gehört bis heute in die Küche der Norweger. Doch darauf kommen wir später zurück.

Harald Hårfagre – zu Deutsch Harald Schönhaar – erzielte 872 nach der Schlacht im Hafrsfjord die erste zerbrechliche Einheit der Wikinger. Sein Name, schenken wir der Sage Vertrauen, kam von der Länge und Pracht seines Haupthaares. Als er um die Hand der Gyda anhielt, sagte ihm diese unverblümt: „Ein kleiner König wie du wird mir nie die Unschuld nehmen." Daraufhin schwor Harald, sich weder Haupthaar noch Bart abzuschneiden, bis er ein

Reich geschaffen habe. Norwegens heutiger Kronprinz heißt in Erinnerung an den Samson des Eises Harald, sein Vater Olav. Olav Haraldsson war es, der, nachdem er in der Schlacht von Stiklestad 1030 n. Chr. gefallen war, das Reich wirklich über seinen Tod hinaus einigte. Olav der Heilige wird er genannt. Der isländische Geschichtsschreiber Snore Sturlason gibt den Tag seines Todes mit dem 29. Juli an. Deshalb feiern die Norweger bis heute an diesem Tag den Olsok. Mit Olav begann auch die Christianisierung der an Thor und Odin glaubenden Wikinger. Dies, wie so oft in der Kirchengeschichte, nach dem Motto: Willst Du den Glauben nicht freiwillig annehmen, dann such Dir einen geeigneten Grabplatz.

1319 starb mit Håkon V. die männliche Linie des Geschlechtes von „Harald mit dem schönen Haar". Zwischen der Kalmarer Union von 1397 – unter Königin Margrethe, die es schaffte, Norwegen, Schweden und Dänemark zu vereinigen – und dem Kieler Frieden vom 14. 1. 1814 (Dänemark hatte mit Napoleon zusammen gekämpft und mußte nach der Niederlage Norwegen an die Schweden abtreten) liegt eine vier Jahrhunderte lange Geschichte mit den Dänen. Oslo, Norwegens Hauptstadt, hieß Christiania – benannt nach dem Dänenkönig Christian. Die Großmacht Dänemark regierte von Kopenhagen aus bis über den Polarkreis. Hohe Steuern, in Dänemark ausgebildete Beamte, Lehrer und Pfarrer ließen in den niedrigen, aus rauhem Holz geschlagenen Bauernstuben den Wunsch erwachen, selbständig zu werden.

Nicht umsonst bezeichnen die Norweger die Dänenzeit als „Dunkelzeit" ihrer Geschichte. Aber interessanterweise finden wir heute im Sprachgebrauch der Norweger kaum Dänenwitze.

In unserer kurzen Geschichtswanderung sind wir schon beim Kieler Frieden angelangt. Von den Dänen zu den Schweden zu kommen bedeutete für die Norweger, vom Regen in die Traufe zu wandern. Dennoch fand der bewaffnete Konflikt mit den Schweden am Neubeginn der Geschichte nicht statt. Der große nordische Krieg unter Schwedenkönig Karl XII., der 1718 in der norwegischen Hafenstadt Halden fiel, saß mit all seinen Leiden und Schrecken zu tief in der Erinnerung.

1814 versammelten sich 112 Männer in dem idyllischen Örtchen Eidsvoll, eine Autostunde von Oslo entfernt, und stampften ein Grundgesetz aus dem Boden. Der Schwedenkönig Karl-Johan unterschrieb es am 17. Mai. Seither ist der 17. Mai in Norwegen der Inbegriff eines Feiertags – Karnevalsstimmung vermischt sich mit Ernst, Kirchenglocken kämpfen mit knallenden Champagnerkorken um Gehör; das Volk ist Tag und Nacht auf den Beinen, als ob es dafür bezahlt würde.

1905 wird Norwegen unter dem Schwedenkönig Oskar II. unabhängig. Aha, möchte man meinen, nun können die Norweger endlich im Freiheitswind der Unabhängigkeit aufatmen! Doch was machen sie? Mit 259 563 Stimmen zu 69 264 wählt das VOLK sich einen neuen König, und, nach 400 Jahren dänischer Herrschaft mag

man es kaum glauben, es ist der dänische Prinz Christian Frederik Carl, Sohn des Dänenkönigs Frederik VIII. Er nimmt den Namen Haakon VII. an. Norwegen hat mit ihm einen eigenen König, der durch seinen Charakter, seine gradlinige Haltung, seine Volksverbundenheit die Monarchie für die Zukunft festigen sollte. Verschwand bei uns das Kaisertum faktisch von der Bildfläche, so ist die Monarchie in Norwegen heute nicht nur von allen anerkannt, sondern ein Grundstein des eigenen Selbstverständnisses. Jeden Freitag kommt die Regierung heute ins königliche Schloß Olavs V. gefahren, um ihn im Staatsrat über politische Entschlüsse zu informieren und sich seinen Rat einzuholen. Egal ob Sozialdemokraten oder Bürgerliche – für alle steht der Termin beim König unumstößlich fest. Trotz seines hohen Alters, Olav V. wurde am 2. 7. 1903 geboren, ist der Monarch für das Volk am Ende Europas ein Beispiel an Ausdauer, Wissen und Zähigkeit. Selbst bei arktischen Temperaturen läßt er es sich nicht nehmen, die wichtigsten Schi-Ereignisse statt am Fernseher gleich vor Ort anzusehen. Der begeisterte Autofahrer verweist seinen Chauffeur immer wieder auf den Beifahrersitz und steuert seinen schweren, schwarzen Amerikaner selbst durch die engen Straßen Oslos. Jeden Sonntag ist er in der Kirche. Jeden Tag empfängt er Bauern, Fischer, eben seine Norweger. Voller Hochachtung wird er der „Sportkönig" genannt. Im Segeln gewann er schon 1928 die Goldmedaille, und auf Schiern ist er unschlagbar – jedenfalls in seiner Altersklasse.

42

Oslo wird von einem riesigen Wald- und Seengebiet – der Nordmark – umzogen. Im Winter haben freiwillige Helfer des Schivereins Hunderte von Kilometern mit Loipen kreuz und quer durch dieses fast unbewohnte Gebiet gezogen. Der König benützt das fantastische Naturangebot genauso gerne wie seine Landsleute. Oft nur von seinem Hund begleitet, durchzieht er die Pisten wie ein Jugendlicher. Bei einer etwas schnelleren Abfahrt sah er zu spät, daß inmitten der Loipe sich drei Touristen verheddert hatten. Zwar konnte er noch bremsen, fuhr aber doch in die Gruppe hinein und fiel hin. Die Touristen, sie waren Dänen, erkannten in dem älteren, norwegisch einfach angezogenen Mann nicht den König und nahmen sein Angebot, ihnen ein paar Schigrundweisheiten beizubringen, dankbar an. Erst als Norweger vorbeikamen und voller Hochachtung den Monarchen grüßten, verstanden sie, mit wem sie es zu tun hatten. Diese Haltung, die der Kronprinz Harald von Vater und Großvater geerbt hat, kann selbst aus eingefleischten Republikanern Monarchisten machen.

Diese Einstellung, dieses Ja zur Einfachheit, kommt in folgender wahrer Anekdote zum Ausdruck: Deutschlands Kaiser Wilhelm war ein eingefleischter Norwegenfan. Immer wieder besuchte er mit Schiffen der Kriegsmarine die einzigartige Fjordwelt der Norweger. Bei einem dieser Besuche in Trondheim ging er mit seinem Freund, dem jungen König der Norweger, Haakon VII., in Trondheim spazieren. Ein alter Bauer, der das Wort Hygiene anscheinend nicht

sehr ernst nahm, kam auf die beiden zu, umarmte den norwegischen König und bedankte sich, daß er König der Norweger geworden war. Dabei gebrauchte er die landesübliche Sprachform bei der Anrede, nämlich das „DU". Nachdem der Bauer weitergegangen war, wandte sich der deutsche Kaiser entrüstet an den norwegischen Freund. „Haakon, wie kannst du denn so etwas nur zulassen", fragte er erregt. „Tja, lieber Freund", antwortete der Norweger, „hier siehst du den großen Unterschied zwischen uns beiden. Du bist Kaiser von Gottes Gnaden, und ich, ich bin vom Volk gewählt."

Eben diese Haltung, dieser Humor, hat dazu geführt, daß heute kein Norweger die Monarchie hinterfragt, sondern sie ganz im Gegenteil als Grundfeste des Staates ansieht. Ich hatte mehrere Male Gelegenheit, König Olav und seine Familie aus nächster Nähe zu erleben. 1973 stand ich vor der Aula der alten Osloer Universität. Ein starkes Polizeiaufgebot riegelte den Eingang vor einer aus vollem Halse protestierenden studentischen Menge ab. Grund der Aufregung, Henry Kissinger und LeDuc Toh sollte der Friedensnobelpreis verliehen werden. „Gebt dem Kriegsverbrecher", natürlich war der Amerikaner gemeint, „keinen Friedenspreis!" Der Vietnamkrieg war zum Abschluß gekommen. Das norwegische Nobelkomitee meinte, die Unterhändler beider Nationen durch diesen Preis zu würdigen. Mitten in die verbale Hitze hinein fuhr der Wagen des Königs. Seine Majestät König Olav V. im grauen Zweireiher, Kronprinz Harald mit der bürgerlichen Kronprinzessin Sonja verließen zusammen mit ihren Adjudanten, die Limousine. „König", schrien die Studenten, „geh da nicht rein!" Doch unbeirrbar schritt der Monarch zum Eingang, als plötzlich eine Klopapierrolle an seinem Kopf, den Hut nur um Millimeter verfehlend, vorbeisauste. Erschüttert über eine derartige in Norwegen bis dato nicht bekannte Frechheit schritt die würdige Versammlung noch ein bißchen steifer in die Aula, ich hinterher. Kaum war das Portal geschlossen, brach der König in ein unnachahmliches Gelächter aus und rief: „Habt Ihr das gesehen? Eine Klopapierrolle haben sie nach mir geschmissen und noch nicht einmal getroffen. Die Jugend von heute, noch nicht einmal zielen kann sie."

Im Herbst 1986 besuchte Bundespräsident Richard von Weizsäcker Norwegen. Als Gast des Königs, der während des Dritten Reiches durch sein männliches, soldatisches Vorbild die norwegischen freiwilligen Soldaten in England, Kanada und den USA zum höchsten Kriegseinsatz gegen die deutsche Wehrmacht aufgerufen hatte, und zwar zu einer Zeit, als Richard von Weizsäcker ein junger Offizier an der Ostfront war und sein Vater Staatssekretär im Auswärtigen Amt unter Ribbentrop.

Warum erwähne ich ausgerechnet diese Zeit? Weil hier die Norweger zum ersten Mal in ihrer Geschichte das ganze Grauen einer Besatzung erlebten, welche die dänische oder schwedische wie ein ewiges Weihnachtsfest erscheinen ließ. Norwegen heute ohne die Rückbesinnung auf den Zweiten Weltkrieg verstehen zu wollen

geht nicht. 10 000 Norweger starben, die meisten von ihnen in deutschen KZs. Das Königshaus wurde, zum rasenden Ärger des Herrn Hitler, zum Symbol des norwegischen Widerstandes. Am 8. April 1940 hört der damalige Kronprinz Olav im Radio, daß deutsche Marineeinheiten auf dem Weg ins Skagerrak sind. Dies sind dänische Nachrichten, während der norwegische Rundfunk schweigt. Der Kronprinz versteht, daß der Krieg vor dem neutralen Norwegen keinen Halt machen wird. Noch einmal geht er zu seinen drei kleinen Kindern und zieht ihnen die Decke über die Schultern. Am nächsten Tag, dem 9. April, klingelt bei ihm in der Residenz Skaugum, 30 km von Oslo entfernt, zu frühester Morgenstunde das Telefon. Die Küstenforts im äußeren Oslofjord befinden sich im Kampf mit Invasoren, wahrscheinlich Deutschen. Kronprinz Olav weckt Stab und Familie. In rasender Fahrt geht es zum königlichen Schloß nach Oslo. Aus der Ferne hört er den Motorenlärm deutscher Bomber. Gegen 6 Uhr morgens sind die drei Autos vor dem Schloß. Eine knappe Stunde später verläßt die königliche Familie zusammen mit der Regierung und dem Parlament „Stortinget" in einem Extrazug den Ostbahnhof. „Für uns kam die Invasion vollkommen überraschend", schreibt Olav V. später in seinen Memoiren.

Die Deutschen verlieren in diesen frühen Morgenstunden den Kreuzer „Blücher". An der engsten Stelle des Oslofjordes, bei der kleinen Hafenstadt Drøbak, liegt der von Hitler mit den feierlichen Worten getaufte Riese: „Du wirst

1000 Jahre halten" in vierzig Metern Tiefe und verrostet langsam, aber sicher. Fast 1000 junge Soldaten starben bei der Versenkung, die meisten erfroren in den eiskalten Fluten. Die Geschichte der Zerstörung ist genauso fantastisch wie manche Großtat der Wikinger. Der Kommandant der Festung Oscarsborg, sie liegt mitten im Fjord, kann nach der Meldung einer Invasion keinen Kontakt mit seinem Stab in Oslo bekommen, weil sich die Herren gesammelt einen Vortrag zum Thema: „Uniformen zur Zeit Napoleons" in der militärischen Gesellschaft anhören, sicherlich ein wichtiges Thema in Spannungszeiten!

Unser Oberst hat nur wenige Soldaten zur Verfügung, doch als er die schwarzen Schatten mehrerer Schiffe auf die Insel zukommen sieht, gibt er den Befehl, die zwei einst von Krupp in Essen erstandenen Kanonen „Moses" und „Aaron" aus dem Jahre 1876 zu laden. Vielleicht waren es die alttestamentlichen Namen, vielleicht diese unverkennbar norwegische Individualität unseres Offizieres – die Granaten jedenfalls trafen den Geschützturm der Blücher, Feuer brach aus und fünf Jahre vor dem endgültigen Untergang des deutschen Weltentraums ging die Blücher ins norwegische kalte Wasser. Mein Hausarzt, ein bescheidener, ruhiger Mann, freundlich und sprachenbegabt, der mich immer laut auf deutsch in seiner Praxis begrüßt, war damals ein junger Arzt am Drøbaker Krankenhaus: „In meinen Armen", erzählte er mir, „starben viele der jungen deutschen Soldaten. Sie riefen nach ihrer Mutter, ihrem Vater, und

dann sagte ich auf deutsch: ‚Ja Kind, ich bin ja da und paß auf dich auf.'"

Mein Arzt spricht fließend deutsch, genau wie ein alter Schulfreund von ihm, der während des Blücheruntergangs als Leutnant an der Küste stationiert war. Er bekam den Auftrag, die Überlebenden gefangenzunehmen. Mit nur drei Mann arrestierte er nach und nach fast 200 deutsche Soldaten. „Was sollte ich machen. Die Gefangenen waren in der Übermacht. Also, ich ließ marschieren und sang deutsche Kriegs- und Volkslieder. So glaubten alle, ich wäre ein deutscher Offizier."

Heute, 1993, sind beide siebzig. Typisch für sie und viele ihrer akademisch ausgebildeten Landsleute war die Liebe zu Deutschland. Deutsch war die erste Fremdsprache. Deutsche Musik und deutscher Wein – weniger deutsche Frauen – waren beliebt. Man fühlte sich der Mitte Europas kulturell und menschlich verbunden. Edvard Munch erlebte ebenso wie Grieg die Anerkennung und den weltweiten Durchbruch in Deutschland; Knut Hamsun wurde in Deutschland mehr gelesen als anderswo. Ja, die Verehrung ging so weit, daß mächtige Kreise in Norwegen dafür eintraten, den jungen deutschen Flüchtling Frahm Nazi-Deutschland auszuliefern. Er sei ein Rabauke, ein Kommunist. Erst nachdem die Sozialdemokraten Einspruch erhoben, konnte Frahm alias Willy Brandt in Norwegen bleiben.

Doch Liebe währt längst nicht immer ewig. Jene zu Deutschland zerbrach wie eine Seifenblase am 9. April 1940. Auf der Flucht vor den

Deutschen empfängt König Haakon VII. zusammen mit Kronprinz Olav in Elverum, der Heimatstadt der Holzfäller und an der schwedischen Grenze gelegen, den deutschen Botschafter Dr. Bräuner. Er bittet den König, zurückzukehren und den Norweger Vidkun Quisling als Ministerpräsidenten einzusetzen. Entschlossen wird das deutsche Ultimatum abgelehnt. Der König sagt: „Diesem Kerl Quisling gebe ich nicht Norwegen in die Hand." Mit diesem königlichen „NEIN" gehen die knapp 4 Millionen Norweger in den Widerstand, während die Wehrmacht verzweifelt versucht, die Königsfamilie auf der Flucht nach Nordnorwegen zu ermorden.

Kaum ist der deutsche Botschafter abgereist, greift die Luftwaffe das unschuldige Städtchen Elverum an. Die Königsfamilie versteckt sich im Birkenwald. Die Stadt wird durch deutsche Bomben eingeäschert. Kronprinzessin Martha flieht mit den drei kleinen Kindern, den Prinzessinnen Ragnhild und Astrid sowie Prinz Harald, nach Schweden. Ihr Mann und dessen Vater fliehen weiter nach Nord-Norwegen. Am 7. Juni muß Norwegen vor der deutschen Übermacht kapitulieren. Kein anderes besetztes Land hat so lange Hitlers Truppen standgehalten wie Norwegen. Trotz der schlechten Bewaffnung, trotz der Ahnungslosigkeit, trotz der Liebe zu Deutschland. Der englische Kreuzer „Devonshire" bringt Vater und Sohn sicher nach England.

Leuchtender Spätherbst 1986 – 41 Jahre sind seit dem Ende des Zweiten Weltkrieges vergangen. König Olav V. und sein deutscher Gast, Bundespräsident Richard von Weizsäcker, sind auf dem Weg nach Elverum. Der Hubschrauber fliegt die beiden entlang des längsten norwegischen Flusses „Glomma", vorbei an schier unendlichen Wäldern, im Volksmund „Finnskogen" genannt, weil hier einst arme finnische Bauern ihr Auskommen fanden.

Wie wird Elverum den deutschen Gast empfangen? Die Bilder der zerbombten Hauptstraße, die Bilder vom König, wie er unter einer Birke den Stukas nachsieht, sind fast Nationalheiligtum. Was dem Bundespräsidenten begegnet, ist festliche Freude: Schulkinder stehen in der farbigen Nationaltracht da, mit deutschen und norwegischen Fahnen in den Händen. Es wird geklatscht, ein Fiedler spielt auf; und der alte König, dieser einzigartige Monarch, zeigt die ganze Weite seines lutherischen Christentums, als er den Gegner von einst mit in den Wald nimmt, wo am 10. April 1940 auf Hitlers Befehl junge deutsche Piloten die Königsfamilie ausrotten sollten. Diese Haltung, geprägt von einer einzigartigen Menschlichkeit, ist, soweit man so etwas überhaupt sagen kann, typisch für das norwegische Volk, das einst aus dem Eis kam und im Eis das Überleben gelernt hat.

Zum Galamittag im Osloer Schloß hat der König an die 200 Gäste eingeladen. Die Herren im Frack, die Damen in mehr oder weniger gewagten Abendkleidern. Die Gäste stehen gedrängt vor der Flügeltür, die den Weg durch das Vogelzimmer, prachtvolle Vogelbilder haben ihm diesen Namen gegeben, in den großen Festsaal des Schlosses freigibt.

Wie immer erscheint der König pünktlich. In der schmucken Uniform des Oberbefehlshabers der Streitkräfte empfängt er jeden Gast mit einem kräftigen Handschlag, wünscht „velkommen". Neben ihm Kronprinz Harald, geboren am 21. 2. 1937. Seit 566 Jahren ist er der erste norwegische Prinz. Sein Name knüpft an die große Vergangenheit des einstigen Vorgängers Harald Schönhaar an. Neben dem Kronprinzen sitzt Sonja, seine Frau und große Liebe: bürgerlich, begabt, Kunst- und Menschenkennerin, Mutter zweier Kinder; dann die Schwestern und zwei Hofdamen. Diener führen uns zu den Plätzen. Auf der Balustrade spielt ein Kammerorchester. Die festliche Tafel wird durch Kerzenlicht intim. Champagner löst sich ab mit Sherry, alte, handgeschliffene Weingläser funkeln warm. Der König spricht. Es geht ein leises Raunen durch die Gästeschar. Der Monarch spricht zum ersten Mal seit seiner Jugend wieder öffentlich Deutsch. Ein Kapitel der traurigsten Geschichte Europas scheint damit beendet.

Im Januar 1991 stirbt König Olav V. – Neuer König ist Harald.

Norwegische Schnitzkunst (9. Jh.): Wikingergesicht am Karren aus dem Schiffsgrab von Oseborg

„Freundnachbarschaftliche" Beziehungen

Eigentlich sollte man glauben, daß Deutsche- und Dänenwitze an der Tagesordnung wären in Norwegen, von Lindesness bis zum Nordkap. Dies ist aber nicht der Fall. Der ganze Spott des Volkes, der in Sachen Witze erzählen leicht zum Sport wird, gilt weder den russischen noch den finnischen Nachbarn, sondern den Schweden.

Trotz der fünfjährigen deutschen Besatzungszeit habe ich bis heute nur einen Witz über die Deutschen gehört, den ich wirklich behalten habe: In der südnorwegischen Hafenstadt Kristiansand, die durch ihre gemütlichen kleinen weißen Holzhäuser mit ihren Sprossenfenstern einen eigenen Hauch von friedlichem Idyll hat, saßen 1941 drei alte Männer am Hafenbecken. Ein deutscher Offizier radelte gen Hafen die etwas steile Straße entlang. Plötzlich versagten die Bremsen des Fahrrades. An unseren interessierten Zuschauern vorbei rauschte unser Deutscher ins Wasser. Aufgeregt schrie eine deutsche Wacheinheit die Männer an. „Mensch, warum haben Sie den Offizier nicht aufgefangen?" Worauf die, nach kurzem Überlegen, antworteten: „Warum denn? Wir dachten, er führe gegen England."

Warum trifft der ganze, längst nicht immer gutmütige Spott ausgerechnet die Schweden? Der Nachbar, der fast vier Millionen Menschen mehr als die Norweger zählt, ist oft arrogant, abweisend und sicherlich auch ein bißchen zu gut angezogen, zu überheblich und langweilig im skandinavischen Raum aufgetreten. Und indirekt hat der Schwedenwitz der Norweger sehr wohl etwas mit den Deutschen zu tun, zumal die Schweden diesen von der Form her nahe stehen. Schweden erlaubte dem „Führer" auch, deutsche Truppen und Waffen mit der Eisenbahn durch Schweden hindurch nach Narvik in Nord-Norwegen zu transportieren. Das neutrale Schweden wich wie ein Dackel mit eingezogenem Schwanz der Drohung des Dritten Reiches aus und war in den ersten Kriegsmonaten gar nicht so eindeutig brüderlich bereit, norwegische Flüchtlinge aufzunehmen. Die Sicherheitspolizei arbeitete mit Gestapoagenten zusammen, und das Königshaus war nun nicht gerade deutschfeindlich eingestellt. Diese Haltung der Schweden, selbst in historisch schicksalsträchtigen Situationen noch den fettesten Weg herauszusuchen und wie die Made im Speck in der gutbezahlten Sicherheit der Neutralität zu leben, hat Norwegern wie Dänen oft einen bitteren Humor gegen ihren Nachbarn einverleibt. Gingen im übrigen Skandinavien die Lichter aus, so hörte man an der fast unendlich langen Grenze die Walzertöne des Wohlstandes ins besetzte Land herüberwehen. So kann heute in Norwegen jeder Schüler auf die Frage des Lehrers, welches das dünnste Buch der Weltgeschichte sei, wie aus der Pistole geschossen antworten: „Jenes über schwedische Kriegshelden."

Oder: Wie nennt man einen Schweden, der die Kriegsverdienstmedaille vorweist? – Einen Dieb. Oder: Was bekommt man, wenn man einen Affen mit einer Schildkröte kreuzt? – Einen Schweden mit Stahlhelm.

Für schwedische Soldaten steht folgende Anweisung im Infanteriehandbuch: Achtung, Tarnung: Soldaten, seid ihr im Wald, steckt euch Zweige und Gras an den Helm. Wenn es durch ein Kornfeld weitergeht, macht Ähren am Helm fest. Kommt ihr aber durch einen Kohlacker, dann könnt ihr den Helm ruhig absetzen.

Der Norweger glaubt nicht an die militärischen Qualifikationen des relativ mächtigen Nachbarn. Nicht, daß er etwa neidisch wäre über die Kampfflugzeuge des Saabkonzerns oder die Volvolastwagen, nein, er meint nur, er habe schwedische Soldaten eben noch nie im Einsatz gesehen. Und was tun sie schon, wenn es einmal darauf ankommt, wie z. B. 1905, als Norwegen sich von Schweden selbständig machte? – Sie sagten wie immer, wenn sie mit einer Situation nicht fertig werden: „Jaha, just det", frei übersetzt: „Ja nun, so ist es eben", drehten sich um, vergaßen Norwegen und wandten sich dem Frieden des heimischen schwedischen Herdes zu. Noch einen Schwedenwitz auf die Schnelle: Warum ertrinken so viele schwedische Marineangehörige? Ja, jedesmal, wenn ein U-Boot Motorausfall hat, steigen sie aus und versuchen es anzuschieben.

Immer wieder wird in norwegischen Schwedenwitzen die Intelligenz des Nachbarvolkes in Zweifel gezogen. Typisch dafür sind folgende Witze:

„Ein Schwede kommt in eine Bäckerei und verlangt eine Packung Knäckebrot, die mit dem Bild des großen Schwedenkönigs Gustav Wasa geziert ist. „Wer ist denn dieser Mann da", fragt er? „Das", antwortet die Verkäuferin, „ist Gustav Wasa, der einmal König von Schweden war." „Ja, ja", murmelt der Käufer, „so geht es im Leben. Einmal war er König, heute backt er Knäckebrot."

„Übrigens", fragt ein Norweger einen anderen, „warum sterben so viele schwedische Hausfrauen beim Gardinenbügeln? – Sie fallen durchs Fenster!"

Woran kann man erkennen, ob auf der Bohrinsel in der Nordsee Schweden arbeiten? Sie versuchen, die Hubschrauber mit Brotstücken zu füttern."

Oft kann der Humor richtig bitterböse werden: Warum wurde Jesus nicht in Schweden geboren? – Es gab weder die Weisen, noch fand man eine Jungfrau! Oder: Wieder treffen sich zwei Norweger. Fragt der eine den anderen: „Hast Du schon mal so was Dummes gehört, die Schweizer haben einen Marineminister." Antwortet der andere: „Warum denn dumm? Die Russen haben doch einen Justizminister und die Schweden sogar einen Kulturminister!"

Daß fast alle ethnischen Witze sich um die Schweden drehen, liegt auch darin begründet, daß man mit den Dänen die gemeinsame Kriegsgeschichte teilt, während man Finnlands heroischen Kampf gegen die Russen im Winterkrieg des Jahres 1939 bewundert und deshalb wenig Anlaß hat, sich über den nördlichen Nachbarn lustig zu machen.

Natürlich lassen die Schweden diese Witze nicht auf sich sitzen. Auch sie können in Sachen Humor liebenswert zurückschlagen, was diese kleine wahre Geschichte beweist:

49

Ein schwedischer Fischer kommt vom Skagerrak zurück nach Strømstadt. Er hat einen guten Krabbenfang mitgebracht, und am Kai stehen Neugierige und Freunde. Der Fischer, ein echter Humorist, sagt zum Publikum: „Mir ist etwas ganz Komisches passiert. Ich habe 30 Tonnen an schwedischen Krabben gefangen, aber ganz oben auf liegt eine einzige norwegische Krabbe." „Wie kannst Du das denn sehen?", fragen voller Erstaunen die Leute. „Das ist ganz einfach", gibt der Fischer zurück, „seht ihr denn nicht die kleine rote Krabbe da, die so hin- und herstrampelt und laut schreit: ‚Ich bin ein Hummer, ich bin ein Hummer!'"

Ist König Carl XVI. Gustaf in Schweden vom Parlament, dem Reichstag, alle politische Macht genommen worden, so ist das Gegenteil in Norwegen der Fall: die königliche Familie steht im Mittelpunkt der Nation. Auch dieser Unterschied muß gesehen werden, wenn man skandinavische Verschiedenheiten sucht.

Finnen und Isländer scheinen im skandinavischen Rahmen immer etwas im Abseits angesiedelt. Doch zu beiden Völkern haben die Norweger ein herzliches, familiäres Verhältnis – zu den Isländern, weil sie Nachkommen der Wikinger Norwegens sind, zu den Finnen, weil man ihre Sprache nicht versteht.

Als 1939 der Winterkrieg der Russen gegen das kleine Finnland ausbrach, durchströmte eine Welle der Hilfsbereitschaft die Norweger. Nicht nur, daß fast alle ihre warmen langen Wollunterhosen nach Finnland schickten, ebenso machten norwegische Freiwillige sich auf, um gegen die Russen anzutreten. Als der Sonderzug mit den Norwegern nach drei Tagen in Helsinki eintraf und von finnischen Offizieren mit Musik und Fahnen in Empfang genommen werden sollte, waren leider über 100 der zweihundert Kämpfer so betrunken, daß sie in eine finnische Entziehungsanstalt eingewiesen werden mußten. Mehrere der anderen waren geisteskrank, und nur zwei Norweger waren nüchtern und damit tauglich. Ein Beispiel dafür, daß der letzte Wikinger noch lange nicht geboren ist und im Norden die Hölle einmal eiskalt sein wird.

Feuchtfröhliche Geschichten?

Was verbindet Finnen, Norweger und Schweden? Es ist der gemeinsame Versuch, das Alkoholproblem durch staatliche Verkaufsstellen zu lösen. In Finnland heißen diese Läden „ALKO", in Schweden „Systembolaget" und in Norwegen, auch für unsere Ohren verständlich: „Vinmonopolet". Die Bezeichnung „Weinmonopol" trifft den Nagel auf den Kopf. Der norwegische Staat hat 1922 ein Monopol in Sachen Wein und Schnaps aufgerichtet. Nur etwas über 90 Läden, das muß man sich in einem Land von 2 600 km Länge einmal bildlich vorstellen, verkaufen die heißbegehrten Tropfen. Staatlich geschulte Verkäufer in dezenten grauen Kitteln wachen über die Schätze nach dem Motto: „Nur nicht zu freundlich", begutachten argwöhnisch die Käufer, ob sie auch einen nüchternen Eindruck machen; und wenn man dann noch über 21 Jahre alt ist, darf man endlich seine Bestellung aufgeben. Man merke: Wahlberechtigt und diensttauglich sind die Norweger bereits mit 18 Jahren!

Meine erste Begegnung mit einem dieser Läden, die einem beim Betreten eine kafkaeske Ehrfurcht und Angst der Obrigkeit gegenüber einjagen können, war rein zufällig. Ich sah eine größere Menschenschlange vor einer Türe stehen, die ihrerseits von einem Polizisten bewacht wurde. Das machte mich neugierig. Da die Leute fast mucksmäuschenstill und mit zu Boden gesenktem Blick unbequem rumstanden, dachte ich zuerst, ein feuriger Erweckungsprediger drohe im Laden mit den Höllenqualen für nicht

vorhandene Bekehrungen oder aber einer dieser typisch grau-langweiligen norwegischen Sozialpolitiker spreche zum Thema: „Wie können wir uns ohne Heizung im Winter warm halten?" Doch keines von beidem war der Fall. Diese Leute standen in einem der freiesten Länder der Welt an, um in den Besitz von ein Paar Flaschen Wein oder Branntwein zu kommen, und dies zu Preisen, die im wahrsten Sinne des Wortes ASOZIAL sind. Doch kein Wort des Protestes kam über die Lippen der Wartenden, kein Laut des Unmuts wurde geäußert. Sachte, Schritt für Schritt näherte man sich dem weltlichen Heiligtum Norwegens, dem Vinmonopolet.

Nun soll keiner glauben, daß der traurige Alkoholalltag durch wenige, dafür gezielte Gratis-Weinproben einmal unterbrochen würde. Nein, hier wird gekauft, ohne zu probieren. Die staatlich angestellten und damit bis zum Tode abgesicherten Verkäufer kennen noch nicht einmal den Unterschied zwischen Mosel- und Rheinwein. Denn Kriterium ihrer Festanstellung ist: „Nüchternheit!" Wie soll man da etwas über Alkohol wissen?

Wehe, wenn sie sich schon einen Kleinen vor dem Einkauf genehmigt haben sollten! Bei Alkoholgeruch kriegen sie nichts mehr. Die Verkäufer haben das Recht, ja sogar die Pflicht, Kunden abzuweisen, die nicht mehr einen ganz nüchternen Eindruck machen!

Das Preisniveau dieser Läden, da konkurrenzlos, liegt so hoch, daß das Weinmonopol – nach Abzug der Unkosten – dem Staat jährlich Hunderte von Millionen DM zubuttern kann.

BILDKOMMENTARE

Seite 53:
Der eiskalte Hauch des beginnenden Winters läßt die karge Landschaft auf der Hardangervidda erstarren (und auch die Finger von Fotografen …).

Seite 54, oben:
Bei Uskedal am Storsund, Hardangerfjord.

Unten:
Herbstliches Abendlicht verzaubert die Inselwelt des äußeren Hardangerfjordes.

Seite 55, oben:
Der See Tyin am Fuße des Jotunheimen, dem norwegischen Hochgebirge.

Unten:
Ein wechselvoller Tag am Eidfjord bei Sima.

Seiten 56/57:
Auf der Hardangervidda mit dem Bergrücken Hallingskarvet im Hintergrund.

Seite 58, oben:
Rauhreifüberzuckerter Herbstmorgen mit dem Gletscher Hardangerjøkulen im Hintergrund.

Unten:
Leuchtender Herbst auf der Hardangervidda.

Seite 59:
Schön anzusehen – schwer zu begehen: Felsblöcke auf dem Talgrund im hinteren Simadalen.

Seite 60:
Hinter der klassischen Idylle verbirgt sich harte Arbeit. Fischer im Hardangerfjord.

Mittel, um in groß angelegten Antialkoholkampagnen die zwei Millionen Trinkberechtigten des Landes vor dem Teufel Alkohol zu warnen. Der Staat droht auf der einen Seite mit dem moralischen Zeigefinger, auf der anderen Seite zieht er den Leuten das Geld aus der Tasche.

Das traurigste Druck-Erzeugnis Norwegens ist die Preisliste des Weinmonopols: eine 0,7-Liter-Flasche Rémy Martin kostet z.B. 556.– NKr. (rund 160,– DM). Und so liegt alles, was Rang und Namen hat, um die 100,– DM. Selbst der einheimische Aquavit, aus etwas so Billigem wie Kartoffeln gebrannt, kommt auf 50,– bis 60,– DM pro Flasche. Wie wenig sich der Staat beim Verkauf der Alkoholika um Qualität bemüht, sieht man ausgerechnet an einem deutschen Erzeugnis, das bei uns mehr oder weniger als Abfallprodukt des Weines gehandelt wird: die berühmt-berüchtigten „Mosel Kellergeister". Dieses Gesöff preist das Weinmonopol als „leichten, duftigen deutschen Weißwein an, der vorzüglich zur gehobenen Tafel mit Hummer und Kerzen paßt." Der stolze Preis, 16,– DM pro Flasche! Da fragt man sich wirklich, ob die Alkoholeinkäufer des Staates beim Einkauf in Deutschland noch nüchtern waren.

Die Läden des Weinmonopols liegen dünn verstreut über das ganze Land, so daß einige Bevölkerungsteile es schwer haben, zu ihnen vorzudringen. Wohnt man z.B. im Dreiländereck Rußland, Finnland, Norwegen, dann muß man, je nach Wohnsitz bis zu 300 km, zum nördlichsten Weinmonopol der Welt nach Hammerfest fahren. Kommt man dann endlich

zum Ziel der Reise, wird gleich gehamstert. Nun hat die norwegische Alkoholpolitik dazu geführt, daß die Einheimischen, wenn die Flaschen erst einmal im Haus sind, sich oft schwer tun, eine angebrochene Flasche wieder wegzusetzen. Nicht selten wird sie in einem Durchgang ausgetrunken.

Ich habe einen Freund, der Redakteur der einzigen Lappenzeitung mit Sitz in Karasjok war. Wegen seiner Größe nannten ihn alle „Store Bjarne". Es kam nun der Tag, als auch der „große Bjarne" für eine kleine, blonde Norwegerin in den Abgrund der Romantik fiel. Der Hochzeitstag wurde bestimmt, und voller Frieden im Herzen setzte sich mein verliebter Kollege in seinen alten Volvo, um die berühmten 300 km nach Hammerfest zum Weinmonopol zu fahren. Die Hochzeitsgäste – 500 waren geladen – sollten auf alle Fälle genug zu trinken kriegen. Für die Fahrt hatte Bjarne zwei Tage berechnet. Am Sonntag sollte die Hochzeit in der Kirche von Karasjok stattfinden.

Bis nach Hammerfest ging die Autofahrt ohne Komplikationen durch die nordnorwegische Einsamkeit. Im Weinmonopol freute man sich über den riesigen Verkauf an Wodka, Whisky und Cognac. Bjarne setzte sich in den schwerbeladenen Volvo und fuhr gen Hochzeitsfreuden. – Tatsächlich kamen die 500 Gäste. Der Pfarrer wartete, ein geschmückter Rentierschlitten war auf Hochglanz poliert, nur einer fehlte: Bjarne. Er tauchte weder am Sonntag noch am Montag, noch nach einem Monat auf. Sechs Wochen später schrieb er schließlich

61

eine Karte aus Paris, um Freunden und Braut mitzuteilen, daß es ihm gutgehe und die Zeitung sich einen neuen Redakteur suchen solle. Was war geschehen? Unser „großer Bjarne" war eines der vielen Opfer norwegischer Alkoholpolitik geworden. Auf der Rückfahrt hatte er hinter Hammerfest zwei nette Mädchen getroffen. Als diese die Schätze an Hochprozentigem im Auto entdeckten, machten sie erst einmal eine intime Party und dann mit Verwandten und Freunden ein Fest, das zwei Wochen dauerte. Nachdem alles vertrunken war, fuhr mein Freund, jetzt mit seiner neuen Liebe, zum Auftanken nach Frankreich.

Auch beim Bierverkauf gibt es Regeln, die das Biertrinken eigentlich eindämmen sollten, aber zum Gegenteil führen. In der Stadt Lakselv, am Porsanger Fjord gelegen, kann man das Bier nur kastenweise kaufen. Da der Bierpreis schon für die 0,33 l-Flasche bei 2,50 DM liegt, geht ein ganzer Kastenkauf heftig ins Geld. Dennoch möchten die Leute gerne ihr Bier haben. Nun steht aber plötzlich ein ganzer Kasten im Keller. Es kommen Freunde, der Kasten wird in 80 von 100 Fällen in einem Zuge geleert. Wären nur drei Flaschen im Hause gewesen, hätte man sich mit diesen begnügen müssen.

Eine solche Form der Prohibition bringt für Liebhaber von Statistiken international gesehen natürlich erfreuliche Durchschnittswerte an den Tag: Der Norweger trinkt demnach nur 5,7 Liter Alkohol pro Jahr. Verglichen mit Mitteleuropäern ist das relativ wenig. Nur, diese Zahl umfaßt nicht die Schwarzbrenner und ihren Umsatz, umfaßt nicht die nach Norwegen geschmuggelten Waren.

Hefe und Zucker sind begehrte Waren im Lande der Mitternachtssonne. In vielen Kellerräumen des Königreiches macht es im steten Rhythmus Dunk-Dunk-Dunk, es wird gebrannt. Dunk – trotz Gefängnisstrafen, Dunk – trotz aufmerksamen Polizeieinheiten, Dunk – trotz neidischer Nachbarn; es „dunkt" durch ganz Norwegen. Schlagzeile in der Boulevardpresse: „Studienrätin verhaftet. In ihrer Wohnung wurden 800 Liter Sprit zu 96% sichergestellt." Unsere Studienrätin war Chemikerin, beliebt unter allen Kollegen, weil sie eine hervorragende Qualität lieferte. Nun sitzt sie im Gefängnis. Es vergeht kaum eine Woche, in der nicht ein neuer Schwarzbrenner entdeckt wird. In jedem Kiosk, jedem Lebensmittelladen gibt es eine Tüte mit allen möglichen Spirituosen-Essenzen. Diese, vermischt mit dem 96%igen, geben dann die Marke „Eigenbau", und wer davon zuviel trinkt, kennt am nächsten Tag oft seinen Kopf nicht wieder.

Als „Kaffeedoktor" berühmt ist der Selbstgebrannte, der in der Kaffeetasse getarnt ist. Viele Bauern und Holzfäller waren ihr Leben lang noch nie im Weinmonopol – sie brennen selbst, zwar mit der Angst im Nacken, dafür aber auch billiger. Am Samstag bekommt man erst ab 15 Uhr Branntwein im Restaurant. Am Sonntag gibt es nur Wein und Bier. Das führt zu der komischen Sitte, Bier mit Portwein zu trinken.

In den Restaurants ist es verboten, nur Alkohol auszuschenken. Zum Bier oder Wein muß eine gewisse Essensmenge, abhängig von der Körpergröße des Bestellers, serviert werden. Eigene Inspektoren sitzen als Gäste getarnt in den verschiedenen Etablissements und überwachen die genaue Einhaltung der Bestimmungen. Ich kenne ein Café, das täglich eine grauenhafte, kalte Suppe serviert. Alle Trinker bestellen Bier mit Suppe. Als ungenießbares Alibi.

Die Alkoholsucht, ja, der Kampf um die edlen Tropfen führt manchmal auch zu tragischen Unglücken. Ein brasilianischer Frachter lag im Hafen von Ålesund. Die Mannschaft schmuggelte angeblich echten Wodka an Land und verkaufte ihn mit gutem Gewinn. Der Wodka war jedoch nichts anderes als ein alkoholhaltiges hochgiftiges Lösungsmittel: Vier Menschen starben, drei erblindeten.

Das Weinmonopol hat seine Landeszentrale in Oslo. Unter den 800 Beschäftigten gibt es einen jungen Mann, der als Mitglied der kleinen marxistischen Partei seine Hauptaufgabe darin sieht, durch ständige Streiks Norwegen trockenzulegen. Nun bekommen die Monopolisten bereits hochanständige Gehälter. Fast genausoviel wie ein Studienrat, und dies ohne Studium. Unser junger Freund legte das Land zweimal für Monate trocken, bevor er entlassen wurde. Was passiert, wenn es in Norwegen keinen Alkohol mehr zu kaufen gibt? Die echten Alkoholiker trinken Haarwasser und Benzin, der Normalverbraucher resigniert oder fährt, wenn er kann, nach Schweden. Die Schlauen aber wissen bei jeder Trockenheit, wo es von einem Container aus gute Schmuggelware zu kaufen gibt. Schiffe

mit doppeltem Boden, Lastwagen mit verborgenen Tanks – die Phantasie der Norweger in Sachen Alkohol kennt keine Grenzen. Höhepunkt an Erfindergeist ist jedoch das Unternehmen „Schnapsluftbrücke", das von zwei Staffeln des Jagdfliegerkommandos in Bodø durchgeführt wurde. Offiziere und Soldaten waren zu einem Freundschaftsbesuch in Deutschland. Dort beluden sie sämtliche Freiräume, die sonst Bomben und Raketen vorbehalten sind, mit Asbach Uralt und ähnlichem. Die Bestellerliste soll mehrere Generale mitumfaßt haben. Sicher kamen die F-15-Jäger wieder nach Bodø. Doch der Zoll, der in jedem Land der schlimmste Feind aller gekonnten Freude ist, wollte diesmal sogar die Raketenschächte sehen. Das sonst ‚Hochexplosive' war nun nur noch ‚hochprozentig'.

Hilft Norwegens strikte Alkoholpolitik dem einzelnen? Gibt es weniger Leberkranke? Ist der Norweger gesünder? „Ja", behauptet Vater Staat, „wir sind die Besten und Reinsten." Ich bezweifle das. Selten sieht man soviel Betrunkene wie in norwegischen Städten. Nun ist der Staat gleichzeitig so „sozial", daß die Polizei sich um die „Alkoholkranken" nicht mehr kümmern darf. Da der Sozialapparat zu klein ist, sind die betrunkenen Verlierer der Gesellschaft auf sich alleine gestellt, und gäbe es die Heilsarmee nicht, so wären die meisten von ihnen schon nicht mehr am Leben.

Trotzdem, es lebe die Gesundheit! Darum gibt es im Königreich Olavs V. keine Alkohol- und Zigarettenreklame. In keiner Zeitung, an keinem Haus, in keiner Kneipe.

Aquavit – „Wasser des Lebens" nennen die Norweger ihr Nationalgetränk, den Kartoffelschnaps. Es hört sich fast unglaublich an, aber der Linje Aquavit hat auf jeder Flasche ein Bestätigungszeichen, daß er zwischen Norwegen und Australien hin- und hergeschifft wurde. Ein Kapitän auf großer Fahrt hatte einst einige ehemalige Sherryfässer mit Aquavit gefüllt und zum Verkauf mit auf die Reise nach Australien genommen. Da er dort die Ware nicht an den Mann bringen konnte, genehmigte er sich und seiner Mannschaft einen guten Schluck. Nur, der Aquavit schmeckte plötzlich wesentlich besser! Auch wenn keiner so genau die Ursache der Geschmacksveränderung kennt, wird der Linje Aquavit doch nach wie vor und zum Segen der Reederei vor dem Verkauf nach Australien verschifft.

Norwegische Malerei. Thomas Fearnley (1802–42): Labrofossen

In Norwegens Kochtöpfe geguckt

Fladenbrotzubereitung im 19. Jh.

Vom Trinken zu den norwegischen Spezialitäten, die sich immer wieder eng an den Aquavit anschließen, teilweise, weil sie auf Grund ihres Fettgehaltes den Schnaps zum Runterspülen brauchen, teilweise, weil der Aquavit ihren Geruch nicht ganz so abschreckend macht! Das norwegische Nationalgericht besteht aus so etwas Prosaischem wie „Kjøttkaker". Die Zutaten: braune Sauce, Bouletten, Erbsen oder Kohl, dazu Kartoffeln. Doch gehen wir schnell weiter in der kulinarischen Landschaft. Viele der Kleinbauern halten sich Schafe, um die Fleischversorgung zu stabilisieren und mehr aus dem kargen Boden herauszuwirtschaften. Das Lamm stellt die Grundlage für einen Lammeintopf dar, der südlich und nördlich des Polarkreises mit höchstem Genuß während der Herbst- und Winterzeit geschlürft wird. In einen großen Topf legt man einige Butterstücke, darauf Weißkohlblätter, auf diese Lammfleischscheiben, darauf wieder Butter, eine Handvoll Mehl und viel, viel schwarzen Pfeffer. Hat man mehrere solche Lagen zusammen, gießt man etwas Wasser in den Topf und läßt das Ganze unter ständigem Umrühren einige Stunden kochen. „Lamm im Kohl", auf norwegisch „Får i kål", ist ein hervorragender Eintopf, der jegliche Schlankheitskur gnadenlos durchfallen läßt. Bevor man ihn gekostet hat, weiß man gar nicht, wie viel Platz man eigentlich im Magen hat. Was trinkt man dazu? Richtig geraten: natürlich Aquavit und Bier oder Bier und Aquavit oder aber auch beides, die Reihenfolge spielt keine Rolle.

Für die Bauern und Fischer bedeutet Essen oft längere Lagerungsmöglichkeit einplanen. In den Vorratshäusern der Bauernhöfe, den auf Holzbeinen stehenden „Stabburs", finden wir die zweite, landesweit beliebte Verarbeitung des Hammels: „Fenalår", geräuchertes Hammelbein, salzig und gut, über Monate hinweg haltbar. Dazu gehört das berühmte norwegische Flachbrot, dünn und zerbrechlich, während Jahren eßbar, und natürlich – Sie haben es schon erraten – wieder das „Wasser des Lebens" und Bier oder umgekehrt. Zwei weitere Fleischsorten für festliche Tafeln sind der Rentier- und Elchbraten. Gut dazu passen selbstgepflückte Preiselbeeren und Kartoffeln.

Was ißt der Norweger zum heiligen Weihnachtsfest? Eine fette, triefende Schweinerippe mit weicher Kruste. Dazu Sauerkraut und zum Trinken das starke, braune, süße Weihnachtsbier mit dem obligaten Aquavit. Sollte mancher auf Grund des eifrigen Aquavitgenusses die Nase rümpfen, wird sofort mit der norwegischen Entschuldigung abgewiegelt: „Es ist doch so fettig, da müssen wir doch ..." – na dann SKÅL!

Frischer Fisch aus Norwegen ist ein Schlagwort, das zum Gütezeichen in Mitteleuropa geworden ist. Lassen Sie uns die Fische aus dem

Norden näher betrachten und natürlich ihre typisch norwegischen Zubereitungsmöglichkeiten.

Neben dem Räucherlachs ist die Seeforelle, die mehrere Kilo groß werden kann, im geräucherten Zustand eine Delikatesse und gleichzeitig billiger als der Lachs. Beide Fische werden in Norwegen auch unter der Bezeichnung „gravet" verkauft, was direkt übersetzt soviel heißt wie „eingegraben". Nach alten Rezepten werden die frischen, ausgenommenen Fische mit Salz eingerieben, dann mit Zucker und kräftig mit

Dill bestreut. Früher grub man sie danach für einige Tage ein. Heute macht man es sich einfacher und läßt den Fisch kühl gelagert einige Tage liegen. Der Geschmacksunterschied zum geräucherten Fisch zeigt sich in einer gewissen Zartheit, einem Hauch von Milde. Daneben gibt es noch eine Weihnachts-Spezialität, die man Ausländern jedoch, wegen dem Geruch des Fisches, nur mit Warnungen anbieten sollte.

Ich brachte meinem Freund Werner, der als WDR-Redakteur viel Kummer gewohnt ist, einen vakuum-verpackten „Rakørret" als kleinen Gruß aus dem hohen Norden mit. Es dreht sich dabei um eine gegorene Bergforelle. Auch hier wird der Fisch ausgenommen, gewaschen, gesalzen. Er wird in Tonnen gepreßt, so daß die Luft entweicht, und mehrere Monate gelagert. Das Ergebnis ist das Gegenstück zum französischen ausgereiften Brie, nur eben in Fischform. Mein Freund Werner servierte diese Köstlichkeit seiner Familie, worauf die Kinder, nachdem die Vakuumpackung geöffnet war, fast in Ohnmacht fielen, denn diese kleine Köstlichkeit stinkt! Je mehr sie stinkt, desto besser die Qualität; und weil sie so stinkt, muß dazu natürlich immer ein Aquavit getrunken werden!

Der Kabeljau spielt eine weitere wichtige Rolle in der Ernährung. Oft wird er in großen Mengen getrocknet. In Nord-Norwegen sieht man an der Küste immer wieder Holzgerüste, die mit ausgenommenen Kabeljaus voll behängt sind. Als Trockenfisch wird der Kabeljau allerdings meistens in die Dritte Welt exportiert. Während des Krieges war er jedoch eines der

wichtigsten Nahrungsmittel. Auch bei dieser Art der Fischzubereitung ist das Element des Überleben-Müssens deutlich zu sehen. Trockenfische können monatelang halten, sind seit Wikingerzeiten Hauptnahrungsquelle für den langen Polarwinter.

Wiederum zur Weihnachtszeit wird eine Fischart serviert, die bei vielen Ausländern fast Ekel hochkommen läßt, der „Lutefisk". Es handelt sich um luftgetrockneten Kabeljau, der in Lauge zersetzt und anschließend gekocht wird, bis er dann in eine wacklige, wabbelnde Masse zerfällt. Genossen wird „Lutefisk" mit ausgelassenem Fett und Kartoffeln sowie Aquavit. Vielleicht, so habe ich manchmal den Verdacht, sind die Norweger nur aus einem Grund auf all diese merkwürdig riechenden Fischgerichte gekommen: um nämlich in ihrem puritanisch geprägten Land eine Entschuldigung zum Schnapstrinken zu haben.

Der „Lutefisk" soll seine Entstehung dem Umstand verdanken, daß einem wenig begüterten Bauern mehrere getrocknete Fische zufällig in ein Faß mit Lauge fielen. Da er es sich nicht leisten konnte, den Fisch wegzuwerfen, servierte er seinem todkranken Vater die unbekannte Mahlzeit. Das Wunder geschah, der Vater wurde gesund. Aus den USA kommt eine schöne Geschichte zum Thema „Lutefisk": In Minnesota, wo viele ausgewanderte Norweger leben, rief ein Bauer die Radiostation an und sagte: „Ich habe ein Problem. Unter meiner Veranda sitzt ein Stinktier, und ich werde es nicht los, was soll ich machen?" Der Redakteur schlug

BILDKOMMENTARE

Seite 69:
Vogelbeerbaum mit den Steilwänden am Sirdalsvatn.

Seite 70:
Enge Straßenverhältnisse im Gyadalen östlich von Stavanger.

Seite 71, oben:
Auflockernde Wandbemalung in Stavanger.

Unten:
Altes Viertel in Stavanger. Die eng aneinander angelehnten Wohnhäuser aus Holz vermitteln ein Gefühl der Gemütlichkeit.

Seite 72, oben:
Meisterwerk altnordischer Architektur: die Stabskirche von Borgund, die im 12. Jahrhundert erbaut wurde und die bekannteste unter den 25 noch erhaltenen Bauwerken dieser Art ist.

Unten:
Ausblick vom Wandelgang der Stabskirche von Hopperstad auf einen Bauernhof bei Viksøyri.

Seite 73:
Teilansicht der Stabskirche von Fantoft in Bergen, die wegen Abbruchplänen im 19. Jahrhundert vom Sognfjord hierher verlegt wurde.

Seite 74:
Die ehemaligen Lagerhäuser der deutschen Brücke beherbergen heute Läden und Werkstätten verschiedenster Art.

Seite 75, oben:
Fassadenfront der deutschen Brücke in Bergen — einer der touristischen Hauptanziehungspunkte der Stadt.

Unten:
Bergen: Lagerhäuser spiegeln im Wasser.

Seite 76, oben:
Am Adlandsfjord.

Unten:
Die althergebrachte Tradition der grasbedeckten Häuser wird nach wie vor gepflegt.

Seite 77, oben:
An der stark zergliederten Küste Westnorwegens werden die städtebaulichen Richtlinien von der Natur vorgegeben. Hier die Stadt Ålesund mit ihren 26 000 Einwohnern.

Unten:
Für viele Norweger ist das Getöse von Wasserfällen ständige Geräuschkulisse. Bei der Fosselva westlich von Nordheimsund kann man trockenen Fußes hinten durchgehen.

Seite 78, oben:
Die Eiskaskade des Bersetgletschers in sommerlich freundlichem Rahmen.

Unten:
Vikafjell, das Bergland zwischen Voss und Sognfjord zieht sich in den Winterschlaf zurück.

Seite 79, oben:
Ein Regentag im Oldedalen läßt unzählige Wasserfällchen entstehen, die beweisen, daß Regen schön macht — auch Landschaften.

Unten:
Atmosphärische Lichtschau am Sognfjord bei Balestrand.

Seite 80:
Spärlicher Föhrenbewuchs auf den steilen, flechtenüberzogenen Hängen des Berges Bastomheia am Fyresvatn.

Fischerdorf Henningsvaer im 19. Jh.

ihm vor, doch täglich einen Teller mit „Lutefisk" unter die Veranda zu setzen. Gesagt, getan. Nach wenigen Wochen ruft unser Bauer den Rundfunk wieder an. „Na", fragt der Redakteur, „ist das Stinktier weg?" „Ja", antwortet der Bauer, „aber jetzt habe ich ein neues Problem: Wie werde ich die Norweger los, die unter meiner Veranda sitzen?"

Die Fischverarbeitung ist oft die einzige Möglichkeit, an der 50000 km langen Küste die Menschen zu halten. Hier fallen viele Fischreste an, die variantenreich zubereitet werden, z.B. zu einem Teig, aus dem man Fischklöße für die Fischsuppe macht, oder Fischpudding in warmer Milch. Auch die landesüblichen Fiskekaker-Bouletten, die nur leicht auf beiden Seiten angebraten werden müssen, werden aus diesem Teig gefertigt. Da der Dorsch eine der Hauptfischarten ist, gehört zur Alltagstafel gebratener Dorschrogen mit Leber, ebenso frisch garnierte Dorschköpfe, wobei die Augen für den Genießer Mahlzeithöhepunkt bilden. Tintenfisch in Öl gebraten, in dünn geschnittenen Streifen serviert, „CALAMARIS" verbinden wir automatisch mit Spanien und Italien. Doch vor Nord-Norwegen ist in den letzten Jahren der Tintenfisch zu einer der Haupteinnahmequellen geworden. Nun, was der Bauer nicht kennt, das ißt er nicht; und so wird der Tintenfisch denn auch prompt in riesigen Kühlwagen nach Italien und Spanien exportiert.

Unter den Schalentieren bestimmt die Krabbe weit und breit die Eßlandschaft. Was wir auf deutsch jedoch „Krabbe" nennen, heißt auf norwegisch „REKE". Krabbe bedeutet in Norwegen etwas ganz anderes, nämlich ein im Durchschnitt 20 cm breiter, mit riesigen Klauen versehener Krebs, der mit Netzen vor der Süd- und Westküste gefangen wird. Die Tiere werden in kochendes Wasser geworfen, ziehen 20 Minuten und sind dann eßfertig. Nur im Kopfe der Schalentiere gibt es eine ungenießbare Stelle. Typisch lutherisch, Katholiken sind in der Minderheit, wird diese giftige Sache ausgerechnet „der Papst" genannt. Erst wenn der Papst weg ist, kann man das Tier genießen. Die Krabben, meistens groß und rogenträchtig, werden zwischen vier Finger genommen und – haben sie den goldenen Rogen – hemmungslos ausgelutscht, bevor man sie aus der Schale pult. Weißbrot, Mayonnaise und Zitrone gehören mit dazu.

Eine wohlschmeckende Fischart hat den Norwegern in den letzten Jahren großes Kopfzerbrechen bereitet, der WAL. Nördlich des Polarkreises, an der Grenze von Nordland und Troms, wächst eine Inselkette aus dem Meer, die mit ihrer rauhen Schönheit, ihren steil ins Meer abfallenden Bergen, ihren kleinen, pittoresken Fischerdörfern, ihren Tausenden von kleinen Inseln einen der schönsten Naturfreiräume unserer Welt darstellt – die Lofoten.

Auf diesem Inselparadies leben nur 7000 Menschen. Hauptnahrungsquelle: der Fischfang. Doch die Zeiten, als zum Kabeljaufang 30 – 40000 Fischer mit einer Flotte von 4000 Booten ausfuhren, sind vorbei. Eine andere wichtige Einnahmequelle, der Walfang, ist fast am Ende. Der weltweite Kampf der Naturschutzorganisation „Greenpeace", in erster Linie in den USA durchgeführt, zwingt Norwegen, den Walfang aufzugeben.

Die kleine Twin-Ottermaschine kämpft sich mühsam durch den Sturm und den Regen, der ihr vom Eismeer entgegenpeitscht. Grau, fast drohend, erhebt sich die mächtige Lofotenwand aus dem kalten Meer. Mein Ziel ist Svolvær, die kleine Hauptstadt des Inselreiches, dessen erster Gasthof erst 1762 in Kabelvåg eröffnet wurde. Der Pilot drückt die Maschine tiefer und tiefer, vorbei an Gipfeln, die spitz wie Messerschneiden aus dem Meer emporragen. Auf einer der kleinen Inseln liegt Skrova – ein Fischerdorf nur mit einem Schiff oder dem Hubschrauber erreichbar. Knapp 300 Menschen sind hier noch ansässig. Häuser in roten und weißen Farben krallen sich an die Felsen, ab und zu ein grüner Tupfer, eine Wiese, auf der Schafe weiden, doch sonst nichts als Fels und Meer. Generationen haben in Jahrhunderten dieses Dorf aufgebaut, haben vom Festland Bauholz und Öfen herübergeschleppt und im Notfall oft tagelang auf den Arzt gewartet.

Ivar holt mich mit seinem Motorboot in

Svolvær ab. Er besitzt eine von zwei Fischfabriken, die zur Hauptsache Walfleisch verarbeiten. Skrova ist die Hauptstadt des norwegischen Walfanges, besser gesagt, war es. „Halt dich gut fest", sagt Ivar. Die ersten Wellen werfen das kleine Boot hin und her. Vom Eismeer weht es kalt. Das Dorf mit seinem kleinen Kai, den auf Pfählen gebauten Fischerhütten, den zwei kleinen Fabriken sieht aus, als ob es sich seit Jahrhunderten immer mehr hinter einem Bergrücken gegen Wogen und Wind geduckt hätte. Trotz des beißenden Windes angeln zwei kleine Jungens in ihrer farbenfrohen Gummikleidung von der Brücke aus. Das Wasser ist kalt und kristallklar. Am Kai hat ein Fischer festgemacht. Die Harpune weist ihn als Walfänger aus. Einer der letzten. An Bord treffe ich drei Brüder, ihre Gesichter hätten Vorbild für das in so vielen Stuben hängende Bild des Fischers mit Südwester und Pfeife sein können. Blaue Augen, die viel gesehen haben, kräftige Beine, ruhige Gesichter, keine hektischen Bewegungen, Männer, die wissen, was sie wollen, die seit Jahrzehnten auf ihrem Boot jeden Handgriff kennen. Es ist diesmal ihre letzte Reise.

„Wir sind alle über 67. Nun können wir uns ruhig pensionieren lassen. Der Walfang ist dank Greenpeace vorbei. Den haben sie uns kaputt gemacht. Wir haben keine Lust mehr." Die beiden anderen Brüder nicken. Was wird aus ihrem Schiff werden? „Der Staat hat Greenpeace nachgegeben. Unser Boot hat keine Daseinsberechtigung mehr. Es wird irgendwo draußen, wo es tief genug ist, damit die Fischernetze sich darin

nicht verfangen können, versenkt werden." Die Brüder schweigen wie so oft in ihrem Leben, als sie noch stundenlang und ohne Worte im Eismeer auf der Brücke nach dem Nerzwal Ausschau hielten. Mit ihnen stirbt eine Tradition aus, die nie Selbstzweck war, nie Luxusindustrie, sondern die Nahrungsbreite der Bevölkerung wesentlich bereicherte. Der bis zu fünf Meter groß werdende Wal wurde zu 95 % für den einheimischen Markt verarbeitet. Walfleisch, wie Steak in der Pfanne gebraten, ist dank seiner Reichhaltigkeit an Eisen und Vitaminen, vor allen Dingen dem Vitamin D, sehr gesund. Der Lebertran, auch wenn er grauslich schmeckt, ist ein altes norwegisches Heilmittel und deckt den Fettbedarf des Körpers.

„Greenpeace" ist nicht nur für unsere drei Brüder ein Schimpfwort auf den Lofoten. Für die Jugend bedeutet die Walsaison eine wichtige Einnahmequelle. Wurden vor wenigen Jahren noch 1400 Wale gefangen, waren es in 1986 noch knapp 600, für 1987 sollen sie nur noch zu Forschungszwecken geschossen werden dürfen. Dies, obwohl die Norweger anstelle der Kaltharpune, die dem Wal faktisch ein riesiges Stück Eisen in den Körper schießt, eine Explosivgeschoßharpune entwickelten, die das Tier durch den Granatschock sofort tötet.

„Rotten die Norweger den Wal systematisch aus?", frage ich Ivar Kristensen, einen ihrer bekanntesten Walforscher. Der Meeresbiologe, der aus Skrova stammt, verneint dies. „Greenpeace hat keine Forschungsgrundlage, um uns solches vorzuhalten. Der Walbestand ist groß genug. Wir brauchen um sein Überleben nicht zu fürchten."

Doch Greenpeace hat den jahrelangen Kampf um den norwegischen Walfang gewonnen. In den USA führte die Kampagne unter dem Titel „die Walmörder sind unter uns" dazu, daß 100 000e von Karten an das norwegische Parlament geschickt wurden. In Kopenhagen, Bonn, Paris, Washington demonstrierten aufgeregte Naturschützer und warfen Steine, die wenigsten wußten, wo die Lofoten überhaupt liegen. Greenpeace beließ es jedoch nicht bei diesen Protesten. Sie drohten den großen amerikanischen Supermarktketten mit einem Totalboykott, falls sie norwegische Fischprodukte verkaufen würden. Verträge wurden gekündigt, die Norweger verloren Millionen. Der Fischexport in die USA liegt in DM-Milliarden-Höhe, während die Einnahmen aus dem Walfang nur bei rund 10 Millionen DM liegen. Greenpeace spaltete die Fischer. Der Riesenexport in die USA war gefährdet. Ronald Reagan, sonst nicht so kleinlich, drohte dem Natopartner mit Sanktionen. Auch die EG-Länder hörten mehr auf die werbeträchtigen Worte von Greenpeace, dankbar dafür, in ihren eigenen ökologischen Krisen auf die schlimmen Norweger verweisen zu können. Ein Gesamtfischexport von rund 3 Milliarden DM war durch Greenpeace gefährdet. Es machte sich schon gut, wenn sie sich mit ihren kleinen Gummibooten vor die Holzschiffe der Walfänger legten. Die müssen da oben am Ende Europas Frau und Kind versorgen, können dort nur wohnen

bleiben, wenn es Einnahmen gibt, während die jungen Greenpeace-Enthusiasten nach dem bezahlten Ferieneinsatz zu Muttern nach Hause in Deutschland, England oder die USA zurückkehren. Norwegens Sozialdemokraten entschieden sich gegen eine Tradition, die mit zum Leben vieler ihrer Parteimitglieder auf der ausgesetzten, kargen Inselgruppe der Lofoten gehört.

Hunderte von Familien verlieren ihre finanzielle Grundlage. Walfänger können nur schwer Konzessionen für andere Fischsorten bekommen. Jeder Mensch, der aus Nord-Norwegen abwandert, läßt das Ende Westeuropas wieder ein Stück mehr verwaisen. Schon heute gibt es Gespensterdörfer, wo Häuser und Kai noch intakt sind, aber die Menschen fehlen.

Mit dem Nein der norwegischen Regierung zu einer Fortsetzung des Walfanges hat Greenpeace zum zweiten Mal die Norweger entscheidend in einem traditionsreichen Gewerbe getroffen. Der erste Kampf galt nicht dem Wal, sondern der Robbe. In diesem Geschäft hatten die Norweger durch die Firma Rieber in der alten Hansestadt Bergen ein Monopol. Jährlich fuhren von der Westküste die Robbenfänger nach Neufundland, um dort mit langen Pickelstangen die zutraulichen Tiere totzuschlagen. Brigitte Bardot, durch Greenpeace animiert, bezeichnete die norwegischen Fänger als „Schlächter". Der Pelzverkauf von Robbenartikeln stagnierte, die Norweger gaben nach, der Robbenfang wurde verboten. Bereits damals warnten die Fänger und Fischer, daß durch das Verbot die Robben sich drastisch vermehren würden.

Die Robben, geschickte und bewegliche Taucher, leben vom Fisch und sind damit Nahrungskonkurrenten des Menschen. Keiner weiß genau, wie viele hundert Kilo Fisch eine Robbe pro Jahr fängt. Es geht dabei jedoch nicht um Kleinigkeiten.

Als mich via Fernschreiben die Meldung erreichte, drei Robben würden die Europastraße zwischen Hammerfest und Alta in Nord-Norwegen versperren, dachte ich zuerst an eine echte Zeitungsente. Ich täuschte mich aber. Der Autofahrer, der erst durch Hupen, dann durch kleine Handgreiflichkeiten versuchte, die Robben von der Straße zu vertreiben, wurde von den dreien unter wütendem Schnauben angegriffen. Im Januar 1986 erlebte Nord-Norwegen eine Robbeninvasion wie nie zuvor. An die 10000 der lustigen Tiere, die dem Kabeljau hinterherjagen, machten den Berufsfischern das Leben schwer. Anstatt den Dorsch zu fangen, fanden sie nur Robben im Netz. Das Fleisch eignet sich bloß für Hundefutter. Viele Fischer verloren ihre Netze, die Saison war kaputt, und heute steht in Nord-Norwegen wieder eine, die wichtigste, Berufsgruppe vor ungeahnten Schwierigkeiten. Wie immer wird letztlich der norwegische Steuerzahler den Verlust zu tragen haben.

Was dem wohlgenährten Naturschützer, der von der Natur gut ausgerüsteten Brigitte Bardot (weit entfernt von der wetterharten norwegischen Küste) leicht fällt und nicht viel kostet, kann Nord-Norwegen in der Zukunft immer menschenärmer machen.

Die einfache Konservierung vieler Fischsorten hat in Norwegen dem Menschen eine Nahrungsgrundlage gegeben, die nicht allein vom jahreszeitlich gebundenen erfolgreichen Fang abhängig ist.

Unter die Sorte Nahrungsmittel, die zu den Grundlagen der Versorgung gehören, fällt auch ein bräunlicher, eisenhaltiger Käse, auf norwegisch „Gjeitost", auf deutsch „Ziegenkäse". Sein Geschmack ist süßlich, das Aroma kräftig; und zu ihm trinkt man ausnahmsweise mal nicht den Aquavit, sondern am besten Milch.

Aus der Sparsamkeit geboren ist der für diesen Käse gebräuchliche Hobler, eine echt norwegische Erfindung. Er hobelt die Scheiben so dünn, daß ein Stück Käse lange reicht. Die norwegische Ziegenzucht wird durch die Genügsamkeit der Tiere begünstigt. Auf vielen der oft fast unzugänglichen Bergbauernhöfe kommt die Ziege gut voran. Sie kann vom Moos und Gras gut leben und gibt die begehrte Milch, Ausgangspunkt einer Käsesorte, die es so nur in Norwegen gibt.

Der Speisezettel wäre nicht vollkommen, wenn der Reichtum der Wälder nicht erwähnt würde. Hier wachsen Preisel- und Blaubeeren in solchen Mengen, daß die Blaubeere zum Exportartikel wurde, u. a. für die Rotweinherstellung. Preiselbeeren, mit Zucker gekocht, gehören zum Fleisch. Kein Braten ohne Preiselbeeren. So wie die Schneehühner neben Skandinavien nur noch im schottischen Hochland heimisch sind, so ist auch die dem Sanddorn ähnelnde „Multefrucht" ein Kind norwegischer Moorgebiete. Sie wächst in Mittel- und Nord-Norwegen. Wenn sie reif ist, wird sie knallgelb. Ihr Vitaminreichtum ist sprichwörtlich. Als Delikatesse kostet sie pro Kilo um 15 bis 25 DM. Daher ist es kein Wunder, daß es jedes Jahr wieder zum „Multekrieg" kommt. Grundbesitzer, für die der Multeverdienst einen wichtigen Zuschuß zum Jahreseinkommen darstellt, wehren sich gegen Wanderer, die die Multe pflücken. Doch bis auf einzelne Handgreiflichkeiten haben schwerwiegende Auseinandersetzungen nur im Gerichtssaal stattgefunden.

Während des kurzen, hektischen Sommers blüht Norwegen auf. Eigentlich könnten wir alle nur von der Natur leben, doch soweit geht selbst in der Heimat der Naturromantik die Liebe nicht.

Norwegische Schnitzkunst (9. Jh.): Drachenkopf aus dem Schiffsgrab von Oseberg

Natürlichkeit und Bescheidenheit – eine Nationaltugend

Einfachheit und Offenheit sind typische Kennzeichen für den norwegischen Charakter. Das Aufkommen eines ausgeprägten „Untertanengeistes" wird schon durch das gebräuchliche „Du" in der Anrede verhindert. Die „Sie-Form" wird fast nur von Leuten gebraucht, die bewußt konservativ und steif erscheinen möchten, also mehr zu einer eigentlich unnorwegischen Selbstverherrlichung des eigenen Images neigen.

Was passiert, wenn einem die Ministerpräsidentin Frau Dr. Gro Harlem Brundtland unverhofft über den Weg läuft? „Hei", würden 90 % der Norweger sagen. „Hei Gro, wie geht's dir denn?" Falls sie guter Laune wäre, würde sie freundlich nicken und zurückrufen: „Danke, ich hoffe, dir geht's auch gut!" Nur in Ausnahmefällen, bei vorliegenden Drohungen, werden norwegische Politiker bewacht. Sonst hat die Mehrzahl von ihnen jedoch weder heimliche Telefonnummern noch bissige Hunde im Garten. Einar Gerhardsen, Norwegens großer sozialdemokratischer Ministerpräsident, der – nachdem er Jahre im deutschen KZ gesessen hatte – sein Land nach '45 wieder aufbaute und zum Landesvater der Norweger wurde, lebte auch im hohen

Röldal-Idylle im 18. Jh.

BILDKOMMENTARE

Seite 89:
Flechten auf glattem Fels und Moose in kleinen Spalten schaffen die Lebensgrundlage für eine höher entwickelte Pflanzengemeinschaft auf einem von eiszeitlichen Gletschern glatt geraspelten Fjell.

Seite 90, oben:
Eingefrorene Herbstblätter.

Unten:
Gefallene Blätter untermalen den vereisten Boden bei einem Wasserfall mit etwas Farbe.

Seite 91, oben und unten:
Flechten sind eine anspruchslose, jedoch raffinierte Lebensgemeinschaft zwischen Algen- und Pilzarten, wobei der Pilz für die Zufuhr von Mineralsalzen und die Alge für die Nahrungsproduktion mit Hilfe ihres Blattgrünes verantwortlich ist. Flechten siedeln namentlich auf Fels, aber auch auf Bäumen oder Lockerböden wie etwa die Rentierflechte, welche zur Aufnahme von radioaktiven Stoffen neigt und so den Rentieren zum Verhängnis wird (Tschernobyl).

Seite 92, oben:
Herbst.

Unten:
Eine Birke und ein Pilz, zwei ungleiche Partner in einer Felsspalte.

Seite 93, oben:
Insel des Lebens inmitten eines steinernen Meeres.

Unten:
Lebensversuch einer Föhre, die sich in der engen Felsritze nicht ausbreiten kann und damit zu einer Art „Bonsaiwachstum" verurteilt ist.

Seite 94, oben:
Vogelbeeren schaffen Kontraste in dieser Phalanx von Espenstämmen.

Unten:
Bäume bei Rosendal.

Seite 95, oben:
Stiller Herbst.

Unten:
Birkenwald hoch über dem Sognfjord.

Seite 96, oben:
Pilzartige Blüten, die aus einem Moosteppich wachsen.

Unten:
Moose und Pilze verkleiden einen Baumstamm.

Alter bis zu seinem Tode immer in seiner kleinen Wohnung in einer lärmigen Straße. Ihm, im Gegensatz zu seinen Nachkommen, lag nie etwas daran, „fein" zu werden.

Das Storting, das 1861 im Zentrum von Oslo gebaute, wenig attraktive Parlamentsgebäude, hat erst seit 1985 einen privaten Sicherheitsdienst, der jedoch kaum zu sehen ist. Täglich läuft je nach Wetterlage mindestens ein Minister vom fünf Minuten entfernten Regierungshauptquartier zum Parlament. Ein Mensch unter Menschen.

Das Storting hat auch eine Sauna und einen Trimmraum. Da kann man Fahrer mit Ministern, Abgeordnete mit Journalisten gemeinsam schwitzen sehen. Nackt steht der Hausmeister neben dem Außenminister und reibt ihm den Rücken ab. Da kommt der Parlamentsjournalist einer extrem linken, früher gar kommunistischen Zeitung und bittet den konservativen Vorsitzenden des außenpolitischen Ausschusses um etwas kapitalistisches Shampoo. Nach dem Motto „nackt sind wir alle gleich" entwickelt sich so ein freundlich-friedlicher Umgangston, dessen Milde bei politischen Debatten Parlamentarier in Bonn, Paris und London in den Dauerschlaf treiben würde.

Wo wir schon von Sauna reden – eine gemischte gibt es im Parlament nicht –, Damen und Herren gehen getrennt, was jedoch den einstigen Ministerpräsidenten Per Borten, einen kräftigen Bauern aus Mittelnorwegen, nicht hinderte, jedesmal am Frauentag seine Glieder zur Entspannung in die Sauna zu bewegen. Den Damen gefiel dies nun gar nicht. Da er immer schon zuerst in der Sauna saß, konnten sie ihn aber schlecht rausschmeißen. Also hatte der Ministerpräsident die Sauna ganz für sich alleine. Was wahrscheinlich auch sein Hintergedanke war, denn einmal wollte der konservative Erziehungsminister in die Sauna, wohlgemerkt am Herrentag! Da saß Ministerpräsident Per Borten, der die Tage verwechselt hatte, und rief entrüstet: „Du, weißt du denn nicht, daß heute der Damentag ist?"

Pomp und Pracht passen nicht in den politischen Alltag der Norweger. Deshalb sind vielleicht so wenig Skandale aus Norwegen zu melden.

Norwegens Außenminister Knut Frydenlund, der von 1973–1981 amtierte und von der Parteizugehörigkeit eher ein Sozialdemokrat war, gehörte zu den hilfsreichsten und offensten Politikern, die ich je kennengelernt hatte. So war er eben wieder „typisch" Norweger.

Mitte der 70er kam der damals noch ziemlich neue Hans-Dietrich Genscher als Außenminister zum offiziellen Besuch ins Königreich. Für die ARD-Tagesschau hatte ich beide Minister vor dem Osloer Außenministerium zum Interview versammelt. Schon damals beherrschte Genscher die Kunst, in nichtssagenden Worten gekonnt das herzliche Verhältnis zwischen beiden Nationen zu betonen. Auf meine Frage an Außenminister Frydenlund, ob dieser mit Genschers positiver Verhältnisanalyse übereinstimme, machte er erst einmal eine Pause, hob dann die Stimme an und verkündete: „Erst einmal möchte ich betonen, lieber Herr Kollege Scheel, daß Sie bei uns herzlich willkommen sind!" Aus den Augenwinkeln sehe ich, daß Genschers Gesicht auf einmal mehr einem Ballon vorm Explodieren als dem eines wohlbesonnenen Politikers gleicht. Außenminister Frydenlund, das gleiche bemerkend, erhebt noch einmal, diesmal lauter, die Stimme und ruft: „Ja, doch, Sie können es mir glauben, Herr Scheel, bei uns sind Sie herzlich willkommen!" Da explodierte der Ballon, und mit einer Fast-Verzweiflung in der Stimme rief der Deutsche: „Genscher, Genscher ist mein Name!" Die beiden wurden dennoch die besten Freunde.

Die wichtigste Lehre in puncto Bescheidenheit habe er im Umgang mit dem Königshaus bekommen, so erzählte mir der Außenminister. Bei seinem Antrittsbesuch beim norwegischen König fand er nach 20 Minuten des Gespräches, daß er König Olav nun genug Zeit gekostet hätte. Er erhob sich, um sich zu verabschieden. Worauf der König trocken bemerkte: „Oh, wie ich sehe, hat der Herr Außenminister wenig Zeit?" „Auf diese feine Weise brachte mir unser König bei, daß er bestimmt, wann der Besuch zu gehen hat."

Als Außenminister einer westeuropäischen Demokratie nach dem Motto zu leben: „Bitte, nach Ihnen", das ist schon etwas Besonderes und schafft ein von Menschlichkeit geprägtes Vorbild, wie es in Mitteleuropa leider viel zu wenig bekannt ist. Politische Hochmütigkeit und Wichtigtuerei ist in Norwegen nicht oder fast nicht zu finden, weil politische Vorbilder (seien

es König Haakon oder sein Sohn König Olav, seien es Kronprinz Harald oder die großen Nachkriegsstaatsmänner wie Einar Gerhardsen und Trygve Bratteli) immer Männer des Volkes waren. Hinzu kommt die tragische deutsche Besatzungszeit, die 10 000 Norweger, darunter eben auch die beiden erwähnten Ministerpräsidenten, ins deutsche KZ brachte. Hitlers Traum des germanischen Reiches, das die blauäugigen Wikinger als neue Zuchtrasse vorsah, scheiterte an dem entschlossenen Nein der „Rassenfreunde". Im deutschen KZ wuchs unter der kommenden politischen Führungsschicht ein Menschenbild heran, das im Miteinander der Menschen, in der Gleichberechtigung aller die vordringliche Aufgabe des Neuanfanges sah. Und genau das schafften diese Männer, nach 1945 zurückgekehrt aus Deutschlands Ruinen, aus England und den USA.

Norwegen war die erste Demokratie, die bereits 1913 die Gleichberechtigung der Frau anerkannte. An der Spitze der Regierung steht die Ärztin Gro Harlem Brundtland, die sich mit ihrem Führungsstil sicherlich auch gut als Militärärztin auf einem norwegischen Exerzierplatz machen würde. Sie hat es durchgesetzt, daß es im lutherischen Norwegen die Abtreibung gibt. Die Frauenrechtlerin hat die Frau bewußt in der Politik plaziert: Die Gesundheitsministerin ist eine Frau; den Umweltschutz leitet eine Frau; eine Frau hat als Justizministerin die Polizei unter sich; die harten freien Bauern des Nordens müssen sich von einer Frau die Zuschüsse geben lassen; die Lehrer des Landes werden von einer

Lillehammer
von der Sprungschanse

Unsere kleine "Gami",
Irisch Wolfhund und ich
in meinem Strandkorb, im
Garten von meinen Eltern.

Unterrichtsministerin angeführt – die Frau „siegt an allen Fronten". Als vor einigen Jahren die Stelle eines staatlichen Kinderfürsprechers geschaffen wurde („Kinderombudsman") übernahm natürlich, wie sollte es anders sein, eine Frau diesen einmaligen Posten. Norwegens Kinder haben in ihr eine Fürsprecherin, die sie jederzeit anrufen können, die ihnen zuhört und sie bei Übergriffen beschützt und verteidigt.

1987 bestimmte das norwegische Parlament mit nur drei Stimmen Mehrheit, daß Kinder nicht mehr geschlagen werden dürfen. Das Gesetz macht sie damit zu ernstzunehmenden Rechtspersonen.

Politik ist nicht gleich Politik, sondern nach Land und Leuten verschieden. Folgendes Beispiel spricht dafür, daß das „menschliche" Antlitz in der Politik Norwegens bestimmend ist: Gro Harlem Brundtland stand mit Helmut Kohl auf dem Dach des 15geschossigen Regierungsgebäudes in Oslo, um ihrem Gast die grandiose Aussicht über die von Bergen umkränzte Hauptstadt zu zeigen. Kohl fragt die Ärztin: „Wie ist es mit Ihrem Parlament?" „Danke, sehr gut, wir haben einen netten Umgangston miteinander." „Oh", sagt Kohl, „das ist bei uns anders, in Bonn muß ich eisenhart mit der Peitsche im Parlament regieren, sonst würde aus dem Haufen nichts." „Oh …", Frau Brundtland sagte nichts mehr, erwiderte auch nicht Helmut Kohls Lachen, sondern sah mich nur vielsagend an.

Warum haben die Norweger im vorigen Jahrhundert bereits den Adel abgeschafft? Warum gebrauchen sie fast nie, obwohl in der Grammatik vorgesehen, die Sie-Form? Warum können Liv Ullmann und Wencke Myhre über Oslos Hauptstraße gehen, ohne von Autogrammjägern belästigt zu werden? Oder besser gefragt: Warum sehen alle Norweger sich als gleich an? Ich glaube, die Antwort liegt im Schi-

Jäger im 19. Jh.

lauf begründet und im Nahkontakt mit einer Natur, die weltweit ihresgleichen sucht.

„Die Norweger", behaupten einige, „werden bereits mit Schiern geboren." Ist man am Samstag und Sonntag in der Umgebung Oslos, so zweifelt man nicht an der Wahrheit dieses Wortes. Da krabbeln, im Schianzug und vermummt mit Wollsachen, die Kleinen auf den Kinderschiern durch die ‚Loipen' (ein norwegisches Wort, das zum Weltbegriff wurde), fallen hin, stehen wieder auf, angetrieben von den aufmunternden Worten der Eltern: „Heia, heia, heia!" Da rasen Väter und Mütter die Piste herunter, durch Holzstangen mit einer Art Anhänger, dem Pulk, verbunden, in dem sich der in Pelze eingehüllte Nachwuchs den Gefahren unwissend aussetzen muß. Da herrscht überhaupt ein solches Durcheinander aller Altersgruppen plus Hunde, daß man schon versteht, warum in dieser Gesellschaft Klassenunterschiede kaum zu finden sind. Denn auf der Loipe, und davon gibt es allein rund um die Hauptstadt Oslo Tausende von km, in der fast menschenleeren Nordmarka, in der Ostmarka wird der Schiläufer – „Ski" ist übrigens auch ein Begriff aus dem Norwegischen – eins mit den anderen: Da läuft der Hausmeister neben dem Direktor; da trinkt man in irgendeiner Hütte den heißen schwarzen Johannisbeersaft gemeinsam; da tauscht man Erfahrungen über das richtige Schiwachs aus; da erkennt keiner bei oft schweißnassen, aber glücklichen Gesichtern, ob das Gegenüber reicher oder ärmer, im gesellschaftlichen Leben wichtiger oder aber ein Sträfling auf Wochen-

endurlaub ist. Der Norweger wird zum Norweger, und es zählt nur eins, die Natur mit ihren Gaben voll auszuschöpfen.

Sonntäglicher Schlips und Anzug zum Kaffeetrinken sind Fremdwörter in Norwegen – Wollstrümpfe und Anorak, ein alter Rucksack, Kniebundhosen und die Schirmmütze; Schweiß und schneller Atem, Eis im Gesicht, ein Stück Schokolade auf Tannenzweigen genießen, das bleiche Gesicht der fahlen Wintersonne wie beim Gebet entgegenstrecken, so und nicht anders sieht norwegisches Winterwochenendvergnügen aus!

Eine Altersgrenze? Die gibt es beim Langlauf nicht! Immer wieder überrascht es mich, daß alte Menschen mit einer Ausdauer die ‚Loipen' beherrschen, die die Jugend oft in den Schatten stellt. Nicht von ungefähr haben norwegische Frauen die längste Lebenserwartung in Skandinavien – 79 Jahre!

Voll hinein ins Industriezeitalter

Südwestlich von Oslo liegt die Telemark, ein Gebiet, das durch seinen besonders schönen, fast singend vorgetragenen Dialekt eine der kulturellen Hochburgen des Landes bildet. In Heddal finden wir vielleicht sogar die schönste Stabkirche des Landes. Die jeweilige Dialektausformung schafft in Norwegen, wie z.B. in der Telemark, einen musikalischen Reichtum, der für die übrigen Norweger zwar von der Melodie, längst aber nicht immer von der Sprachführung her zu verstehen ist.

Die Telemark ist die Heimat des Schilaufes, der „Telemarksving" wieder eines der norwegischen Wörter, das international übernommen wurde; eine der Wiegenstätten der Nationalromantik, ein nach wie vor kulturelles Zentrum norwegischer Sprachkunst (zwei Drittel des norwegischen Volksliederschatzes sind in der Telemark beheimatet); ein Paradies für den abgeschlafften Industriemitteleuropäer mit den Tausenden von Seen, Tälern und Höhen, die in dem 1800 Meter hohen ‚Gausdal' ihren König finden.

Norwegen in Miniatur, das ist die Telemark, wo sich der Dichter Knut Hamsun 1918 den Bauernhof Nørholm erwarb – sechs Kilometer von der kleinen Hafenstadt Grimstad entfernt –; ein Landstrich, der zum Träumen verführt, der den Hauch von „Und ewig singen die Wälder" in seinem moosbedeckten Gestein, seinen Jahrhunderte alten Tannen trägt und dennoch auch Wiege für eines der modernsten und gefährlichsten Industrieabenteuer der Welt geworden ist. Ich denke an den tief in der Schlucht liegenden Ort Rjukan mit seiner „Schwerwasserindustrie".

Von Oktober bis Mitte März fallen die Strahlen der flachen Wintersonne nicht in die Schlucht von Rjukan. Kein Wunder, daß 1905 nur wenige Bauernhöfe im Tal, das durch den gewaltigen Wasserfall des 800 Meter abfallenden Flusses Måne geprägt wird, zu finden waren. Radikal jedoch wurde die natürliche Abgeschiedenheit dieses vielen unbekannten Stückes Norwegen mit der Erfindung des Kunstdüngers durch Birkeland und Eyde, den beiden Forschern von Norwegens größtem Industrieunternehmen Hydro, in den Mahlstrom einer unerbittlichen Industrialisierung gerissen.

Keiner weiß heute, was Menschen und Pferde gelitten haben, um den Wasserfall in seinen wilden Fluten zu bezwingen. Genauso hemmungslos wie die Natur ihr Schauspiel der Wasserkraft vorführte, versuchten die Industrieherren sich dieser Kraft zu bedienen. Das muntere Schauspiel der Natur wurde zum neidvollen Industrieobjekt derer, die durch ihre Großmachtpläne das „Schwere Wasser" zur Produktion einer bis dahin unbekannten Bombe brauchten – der Atombombe.

Mitten in einer Gegend, deren Natur und Einsamkeit den menschlichen Atem für Sekunden einfrieren läßt, den Herzschlag auszusetzen vermag, wuchs der Puls des 20. Jahrhunderts zu einem mächtigen Strom der Begierde, des Bauens und des Todes. Im Kampf um Rjukan starben englische Freiwillige, die mit einem Gleiter über dem Hardanger Vidda ausgeklinkt

101

worden waren, und siegten norwegische Freiwillige unter schlimmsten körperlichen Strapazen gegen die sich fest in deutscher Hand befindende Festung Rjukan. Sie sprengten die Schwerwasserfabrik, machten eine Bombe an der Fähre, die die letzten Tonnen dieses tödlichen Wassers ins Dritte Reich bringen sollte, fest und schafften es so unter schweren Verlusten, die weltbedrohende Last aus der friedlichen Telemark auf den Boden des zweittiefsten Sees Europas, des Tinnsees (461 Meter tief), zu versenken. Keiner kann mit Genauigkeit sagen, ob diese Aktion es verhindert hat, daß die Deutschen als erste die Atombombe entwickeln konnten.

So hat Norwegen oft zwei Gesichter. In der Abgeschiedenheit der Natur verbirgt sich die Zukunft für den Menschen von morgen: Dort, wo Fischerboote immer wieder ins Eismeer auslaufen, um den Dorsch zu fangen, sind Geologen dabei, die Technologie der Zukunft nicht nur zu testen, sondern ihr Dasein in der Welt von morgen vorzubereiten. Noch ist es Phantasie – doch auf dem Reißbrett schon erdacht: Erdölvorratskammern in Eisbergen, die durch Schlepper vom Nordpol in das norwegische Meer gebracht werden; gigantische Unterwasserpipelines, die Erdgas und Erdöl gemeinsam nach England, Deutschland und Belgien transportieren sollen. Sagte einst das Motto: „Frischer Fisch aus Norwegen" auch schon fast alles über Norwegen als Handelspartner, ist das Land der Polarnacht und Mitternachtssonne heute zum Energiegiganten der Welt geworden. Wo

einst Bauern und Fischer, und damit das „Anderssein" vom industrialisierten Europa, Wahrzeichen der Norweger waren, hat das „schwarze Gold" der Nordsee das Bild drastisch verändert.

Ekofisk – ein Name der zwar mit Fisch zu tun hat, aber etwas ganz anderes meint: 1971 wurde das so benannte älteste Erdöl- und Erdgasfeld der Nordsee in Betrieb genommen. In der Nordsee – südlich von der Hafenstadt Stavanger gelegen – wuchs eine Erdölstadt aus dem Meer, die Norwegen für immer verändern sollte. Ein neues Klondike war gefunden – Bauern, Fischer, Technologen, Studenten und natürlich Frauen strömten, vom Rausch der großen Gehälter ergriffen, in die Nordsee. – Drei Wochen Arbeit, drei Wochen Freizeit, drei Wochen Arbeit, drei Wochen Freizeit – der Rhythmus der Pumpen, Tag und Nacht in Gang, wurde zum Herzschlag der Nation: drei Wochen Arbeit, drei Wochen Freizeit; das goldene Kalb der Israeliten in der Negev-Wüste tauchte diesmal aus den kalten Fluten der Nordsee auf. „Weißt Du", sagte mir einer der 20000 in der Erdölindustrie Beschäftigten, „worüber wir immer sprachen? Über Autos, Motoren, Reifen, Kubikleistungen. Ich hatte zum Schluß so die Schnauze voll – drei Wochen Sklave der Bohrinseln, drei Wochen Mensch auf dem Bauernhof –, ich sprang in voller Fahrt vom Wohlstandskarussell."

Längst nicht alle denken so, denn für Köche wie für Krankenschwestern, für Arbeiter, Fischer und Bauern sind die Verdiensteinnahmen der Nordsee längst zum Grundstein für ein angenehmes Leben auf dem kargen Festland geworden. Die Wikinger fanden ihre Vermögen auf See, der norwegische Seemann wurde zum Weltbegriff. Nun haben sie die Erdölarbeiter abgelöst, die per Helikopter – eingehüllt in den Überlebensanzug – das Festland verlassen, um auf den luxuriös eingerichteten Bohrinseln das Geld für ein gutes, aber auch teures Leben an Land zu verdienen.

Die „Hotels der Nordsee" mögen zwar nicht die besten und gediegensten Zimmer haben, aber sonst bieten sie alles: Kino, Sauna, Video und eine Küche, die 24 Stunden geöffnet ist – zwar ohne Alkohol, aber mit einem Essensangebot, das dem der Luxushotels im übrigen Europa nicht nachsteht. Gebackener Hummer und Steak mit Bearnaise; Krabben und Eistorte; frisches Hühnchen mit Spargel; Wurstsorten wie in einer deutschen Metzgerei, Heringshäppchen à la Dänemark; Schweinebraten, wie ihn eigentlich nur Muttern machen kann. Liegt der Durchgang zum Schlaraffenland vielleicht in der Nordsee? Wohl kaum, denn die drei Wochen Arbeit auf den Bohrinseln lassen solches schnell wieder vergessen.

Im frühen Morgennebel auf dem Flugplatz in Stavanger: zwischen kratzenden Bartstoppeln die Andeutung eines Lächelns; ein alter Bekannter, der grüßt; nicht Freude auf den Flug; weder Angst noch Lust an der Arbeit, die – von Computern bestimmt – dem dröhnenden Rhythmus der Pumpen folgt; dazwischen Angst vor dem Wellenschlag mit seiner eigenen, fernen, unkontrollierbaren Melodie voller nicht erforschter

Dynamik; Wellen, die höher werden, die schlagen – gegen Bohrinselbeine, anscheinend für Ewigkeiten gebaut. Gott, wann sind die drei Wochen um? Gott, mein Gott, warum wirft mich der Sturm fast um, warum peitscht mir die Welle mein Ich aus dem Körper?

Gott, mein Gott! Sagten sie nicht, die Technokraten und Ingenieure, „für die Ewigkeit gebaut – für die Ewig ..." Im März 1979 schlug eine Riesenwelle eines der fünf Beine der Hotelbohrinsel „Alexander Kielland" ab. Eine Minute dauerte es, bevor die gigantische Insel in die Nordsee kippte. 123 Menschen starben dabei. Das stets wiederkehrende Klondike der Menschheit fordert immer wieder neue Opfer. In die Naturromantik platzte die Macht der Natur, die dem Erdöloptimismus im Norden Europas für immer Grenzen setzte.

Dennoch macht die norwegische Technologie auch vor einer irgendwann kommenden, ja bereits rollenden Jahrhundertwelle nicht halt: im Nordseeboden wurde die längste Unterwasser-Erdgasleitung der Welt vom Ekofiskfeld nach Emden verlegt. Sie ist fast 500 Kilometer lang. Federführend in einem der Welt größten Wirtschaftsprojekt – der Anlandführung des norwegischen Erdgases für Westeuropa – ist eine deutsche Firma, die Ruhrgas AG in Essen.

Da, wo einst die Waffenschmiede des Dritten Reiches stand, werden heute die Weichen für Europas Energiezukunft gestellt. Doch nicht nur das, mit einem riesigen Stipendienprogramm für Norweger versucht Ruhrgaschef Dr. Klaus Liesen die Fehler der Vergangenheit wieder gutzumachen. „Wir können heute nicht nur die ganze Zeit von Gas reden", sagt er mir gegenüber, „sondern müssen an die zwischenmenschliche Zukunft unserer beiden Völker denken. Der Kontakt zu Norwegen kann nur dann immer enger werden, wenn wir uns auf allen Gebieten näherkommen." So lädt die Ruhrgas norwegische Künstler ein, finanziert das gemeinsame akademische Studium, wird zum Brückenbauer zwischen den Feinden von einst.

1985 exportierte Norwegen 25 Milliarden m³ Erdgas. Da das Land seine eigene Energie zu 99% aus der Wasserkraft schöpft, konnte das Gas exportiert werden. In Einnahmen ausgedrückt sind das 8 Milliarden DM pro Jahr für die Staatskasse. 25 Milliarden m³ Erdgas ergeben umgerechnet 125 Milliarden kwh Strom, das sind 20 Milliarden Kilowattstunden mehr als der eigene norwegische Verbrauch.

Bereits 1978 lag Norwegen an dritter Stelle im weltweiten Erdgasexport, überrundet nur von Holländern und Russen. Doch bis heute ist nur ein Sechstel des gesamten norwegischen Kontinentalsockels erforscht. Bereits hier finden wir an die 5 Milliarden Tonnen Erdöleinheiten – durch diese Bezeichnung werden Erdöl und Erdgas gemeinsam ausgedrückt. Für Norwegen allein würde diese Menge für die Gesamtenergieversorgung der nächsten 600 Jahre reichen!

Naturgas war häufig nur ein überflüssiges Produkt der Erdölförderung. Oft wußte man es nicht richtig anzuwenden; man fackelte es einfach ab. Mit anderen Worten: Es wurde nutzlos verbrannt; dies, obwohl es im ökologischen Sinne ein saubererer Energieträger als Erdöl und Kohle ist. Nehmen wir das Beispiel Bundesrepublik Deutschland: Hätten wir kein Erdgas, dann würde bei uns der jährliche Schwefeldioxydausstoß um fast eine Million Tonnen zunehmen!

Norwegen ist, was Erdöl und Erdgas anbetrifft, ein Land der Superlative geworden. Denken wir z.B. mal an das Statfjordfeld, das 180 Kilometer westlich des Sognfjords und 185 Kilometer nordöstlich der englischen Shetlandinseln liegt. Hier finden wir in 145 Metern Tiefe an die 470 Millionen Tonnen Erdöl sowie 41 Milliarden m³ Erdgas.

Die kombinierte Bohrinsel mit ihren Hotelquartieren, Restaurants, die rund um die Uhr geöffnet sind, und den Förderungseinheiten ist doppelt so groß wie Big Ben in London und das New Yorker UNO-Hochhaus zusammen. 10 Milliarden DM hat die Fertigstellung der drei Bohrinseln, die pro Tag 900 000 Fässer Erdöl fördern können, gekostet – astronomische Zahlen!

Das Staunen über die technologischen Möglichkeiten der Norweger wird noch größer, wenn wir an ihr neuestes Abenteuer in Sachen Erdöl und Erdgas denken: „Troll". Troll ist eine Gestalt aus der norwegischen Sagenwelt, die dem Menschen sowohl freundlich als auch feindlich gesinnt sein kann. Auf jeden Fall sind Trolle immer außergewöhnlich, genauso wie das Troll-Feld, das ähnlich dem arabischen „Sesam, öffne dich" den Zugang zu einer unterirdischen Höhle bedeutet, deren Schätze jedoch

Diamanten, Brillanten und Juwelen verblassen lassen.

Nur 900 Kilometer von der deutschen Seegrenze entfernt und 100 Kilometer westlich der alten Hansestadt Bergen liegt dieses Feld in einer Tiefe von 300–340 Metern. Solche Meerestiefen sind bisher noch nie überwunden worden! Heute kann man mit der modernsten Fördertechnologie erst bis 200 Meter vordringen! Was wartet in der Tiefe? 1300 Milliarden m³ Erdgas!

Das Schwelgen in Superlativen ist keine spezifisch norwegische Eigenschaft; aber ein bißchen Stolz kommt bei ihnen schon durch, wenn sie an die gigantischen Inseln denken, die, für einmal von Menschenhand geschaffen, aus der Nordsee ragen.

Dieser Stolz auf die eigene Wirtschaftskraft und das Wissen um eine – dank den unermeßlichen Bodenschätzen im Meer – sorglose Wirtschaftszukunft wird wohl entscheidend dazu beigetragen haben, daß das norwegische Volk im November 1994 den Beitritt zur Europäischen Union mit über 52 Prozent (bei einer Stimmbeteiligung von 89 Prozent) abgelehnt hat, entgegen der ausdrücklichen Empfehlung der Regierung.

Norwegische Malerei. Mathias Stoltenberg (1799–1871): Amtsrichter Moinichen

Svalbard – das Land der kalten Küsten

So nannten die Wikinger die Arktisinsel Spitzbergen, die im 16. Jahrhundert zufällig auf dem Weg nach Indien von dem Holländer Willem Barents entdeckt wurde. Von ihm leitet sich auch der Name des Spitzbergen umgebenden Seegebietes „Barents-See" ab. Am wirklichen Ende der Welt, nur eine Jetflugstunde vom Nordpol entfernt, leben 1000 Norweger anscheinend in friedlicher Koexistenz mit 2000 Russen zusammen; dazu kommen noch 20 polnische Forscher, die ihre eigene Forschungsstation am Südende der Insel besitzen. Norweger, Russen, Polen – Spitzbergen, fast so groß wie ein Drittel der Bundesrepublik Deutschland, ist ein offenes Gebiet.

1925 wurde die Insel dem norwegischen Königreich unterstellt, allerdings mit der Klausel, daß allen Nationen, die das Spitzbergentraktat von 1920 unterzeichnet haben, die wirtschafliche Nutzung der Insel jederzeit gestattet wird. Daher ist das Inselgebiet auch demilitarisierte Zone. Vergeblich versuchte im Jahre 1944 der damalige russische Außenminister Spitzbergen aus dem weltweiten Vertrag zu lösen. Sein Versuch, nur die Norweger und Russen als Alleinherrscher der Arktis zurückzulassen, scheiterte an norwegischen, amerikanischen und englischen Protesten. Schon gegen Ende des Zweiten Weltkrieges erkannte man die zukünftige einzigartige strategische Bedeutung Spitzbergens.

Nicht nur Entdeckerdrang, sondern auch eine gute Geschäftsnase führten zu Beginn dieses Jahrhunderts den Amerikaner Longyear ans kalte Ende der Welt. Er fand im Permafrost, d. h., die Erde ist ewig gefroren, Kohle. Darum heißt die Hauptstadt heute Longyearbyen. Bis heute ist die Kohle Haupt-Einnahmequelle der Insulaner, die sich neben Longyearbyen noch auf die Städte Barantsburg und Pyramiden verteilen. 2000 Sowjetrussen lebten auf der Insel, abgesondert von den Norwegern, und förderten nur halb so viele Kohle wie die 1000 Norweger.

Weshalb das große Personalaufgebot der Russen? Die Antwort war relativ einfach. Mit Murmansk hatten sie nur einen einzigen eisfreien Hafen mit Atlantikzugang. Spitzbergen und Nordkap begrenzten auf natürliche Weise den Durchgang der sowjetischen Marine in den Atlantik. Dies wußten natürlich auch die Norweger und ließen von daher keine ungetrübte Happystimmung in Sachen Völkerfreundschaft im ewigen Eis aufkommen.

Einst waren die Menschen im Winter von der Außenwelt abgeschnitten. Per Flugzeug wurde die Post abgeworfen, sonst aber senkte sich die Einsamkeit, verstärkt durch die Polarnacht, über die nördlichste Zivilisation der Welt. Der Grubenarbeiter, in Baracken lebend, muß sich verpflichten, seine Familie auf dem 800 Kilometer entfernten Festland zurückzulassen. Steuervorteile sind für die meisten der einzige Grund, sich in die Einöde zu begeben.

Kjell ist einer von denen, die Nordnorwegen und das kleine, vom Aussterben bedrohte Fischerdorf als 18jähriger in Richtung Spitzbergen verließ. „Zu Hause waren wir 8 Kinder, der Vater kam auf See um. Ich überließ die Fischerei meinem jüngeren Bruder und zog als Grubenarbeiter nach Spitzbergen. Drei Jahre wollte ich bleiben und Geld sparen, um dann in die Heimat zurückzukehren. Aus drei Jahren sind inzwischen 30 geworden. Mein Unglück war, vom ‚Bazillus Spitzbergiensus‘ gebissen worden zu sein." Kjell ist nicht der einzige, der sich in die arktische Umwelt verliebt hat. Der vor der Pensionierung stehende Grubenarbeiter, mit drei erwachsenen Kindern auf dem Festland, häkelt sich durch den langen Winter. Wie seinen Freunden graut es ihm vor dem Tag der Rückkehr. „Wir sind hier oben zu Hause. Meine Frau ist tot, die Kinder erwachsen. Die Grube ist meine Heimat geworden, die Kumpels meine Freunde. Aber, es gibt kein Altersheim hier. Unsere Firma, die große norwegische Spitzbergenkompanie, will uns weghaben, wenn wir alt sind. Das tut uns allen so weh." Kjell hat den Fortschritt der Zivilisation am eigenen Leibe erfahren. Schlief er einst mit 16 anderen Männern in einem Raum, hat der Betrieb ihm heute eine kleine Wohnung zur Verfügung gestellt – mit Fernseher und eigener Küche.

An Abwechslung wird den nördlichsten Arbeitern der Welt nicht viel geboten – es gibt eine Kneipe, die meistens um 10 Uhr zumacht; eine Riesenkantine, ein verschlafenes Kino, einen Laden und sonst nur noch gigantische Berge, Eiszeitmoränen, das Eismeer und den Eisbär.

Wir sind seit Stunden unterwegs auf der einsamen Fahrt ins Unbekannte – der Schneesturm nimmt uns fast die Sicht –, nur langsam arbeiten sich die japanischen Motorschlitten durchs Eis. Schneeverwehungen versperren den Weg. In den Bärten meiner Begleiter bilden sich Eiszapfen. Es ist hundekalt, wir sind nur zu dritt in einer Umgebung, die kaum je ein Mensch vor uns betreten hat. Auf uns wartet zwar ein Ziel, aber kein Hotel, keine Wärme, kein Restbestand an Zivilisation. Diese wilde Umgebung ist nur für einen geschaffen, für den Eisbären. Wir befinden uns auf der Fotojagd, versuchen den Herren der Arktis, das größte Raubtier, den bis zu 1000 Kilo schweren Eisbären, einzufangen. Wir frieren, wünschen uns, von allen Abenteuer-Illusionen befreit, nach Hause und zeigen durch unsere mürrischen Mienen, daß uns in dieser feindlich eiskalten Umgebung der Eisbär bei weitem überlegen ist.

3000 Kilometer legen wir innerhalb einer Woche zurück – auf der Karte eingezeichnet finden wir die Hütten der Jäger, mühsam aufgebaut, meistens aus Treibholz. Hier wohnten, überwinterten die Einsamen der Einsamen auf der Suche nach Pelzen; hier konnten die „Überwinterer" noch frei jagen, bis die Bedrohung des Eisbären durch den Menschen zu groß wurde. Heute ist der König Spitzbergens von Gesetzes wegen geschützt. Nur im wirklichen Notfall darf er geschossen werden, dann, wenn er angreift. Wir erleben den Bären jedoch nie aggressiv. Die Tiere, die uns begegnen, schnuppern, sehen uns an und leben so weiter, als gäbe es uns nicht. Sie wissen, sie sind die Könige der Arktis; angstfrei bewegen sie sich in ihren leicht goldweißen Pelzen durch die Einöde aus Schnee und Eis, legen oft bis zu 50 km am Tage zurück. Eis-

BILDKOMMENTARE

Seite 109:
Turbulente Wasserschleier wirbeln durch den Fallkessel am Vøringsfossen.

Seite 110:
Szenerie bei Briksdal.

Seite 111, oben:
Am Abgrund des Doppelwasserfalles Vøringsfossen.

Unten:
Ein Felsriegel bremst rasant zu Tal fließendes Wasser und läßt es hoch aufschießen.

Seite 112, oben:
Stromschnelle.

Unten:
Rippelmuster langsam fließenden Wassers auf einer Felsfläche.

Seite 113:
Auf einem Bergsee weichen Schnee und Eis dem kommenden Sommer.

Seiten 114/115:
Irisierende Stelle in der Eisschicht eines überfrorenen Sees. Der Effekt entsteht durch Brechung des Sonnenlichtes an gleichmäßig ausgerichteten Eiskristallen.

Seite 116:
Am Gloppefossen, Setesdal.

Seite 117:
Fels, Wasser und Bäume sind die Grundelemente innernorwegischer Landschaft.

Seite 118:
Kein verschimmeltes Tortenstück, sondern eigenwillige Erosionsform. Die treibende Kraft des Eises in Felsritzen ist im Stande, Stück um Stück soliden Gesteins abzusprengen.

Seite 119, oben:
Felsschliffe im Bett des Flusses Otra im Setesdal.

Unten:
Große Gletschermühle am Fluß Otra bei Bykle.

Seite 120:
Hoch über dem Aurlandsfjord, der als Seitenarm des Sognfjordes tief in das Fjellplateau eingreift. Der Sognfjord ist mit 204 km Länge und 1308 m Tiefe unbestrittener König unter Norwegens Fjorden.

108

bären sind von Spitzbergen übers Eis am Nordpol vorbei bis nach Grönland gezogen.

Durchfroren erreichen wir eine baufällige Hütte, der Sturm reißt uns das Gepäck vom Schlitten, wirft mich einfach um. Wir sehen die Hand vor den Augen nicht mehr. Mein Freund Kjell, der Pfarrer von Spitzbergen, Junggeselle und Naturbursche ohnegleichen, hat mit seiner finnischen Tikka eine Robbe geschossen. „Morgen früh verbrennen wir vor der Hütte in einer alten Tonne das Robbenfett. Kein Eisbär kann dem Geruch widerstehen. Da kommt sicherlich auch einer zu uns." Tatsächlich erscheint am nächsten Tag ein Riesenexemplar, ein alter Junggeselle, zur lustig brutzelnden Tonne. Erst leicht mißtrauisch, dann vom kostenlos angebotenen Leckerbissen überwältigt, haut er mit seinen Tatzen ins Volle. Die Robbe, nicht gerade klein, hat uns mindestens 50 Kilo Fett gegeben. Der Eisbär frißt und frißt und frißt. Plötzlich, die eine Tatze noch in der Luft, wackelt er, fällt um und schläft ein, die Tatzen auf dem Bauch gefaltet – ich lüge nicht!

Begegnungen mit dem König der Arktis gehen nicht immer so friedlich aus wie die unsere. Zwei Österreicher, die mit einer Sommerexpedition nach Spitzbergen kamen und sich von einem Fischer irgendwo an Land setzen ließen, hatten *die* tragische Überraschung ihres Lebens, als ein Eisbär sie besuchte. Unbewaffnet hatten sie sich der kalten Wildnis ausgeliefert. Der eine Österreicher mußte den Leichtsinn mit seinem Leben bezahlen. Als er das Zelt verließ, um nachzusehen, wer da an der Plane zerrte, schlug

ihn der Eisbär bewußtlos, schleifte ihn ins offene Wasser und fraß ihn da auf. So geschehen 1977.

Spitzbergen – demilitarisierte Zone – kann zu einem Beispiel des friedlichen Zusammenlebens der Nationen werden. Das Land lag bis vor kurzem im Wettstreit zwischen Norwegern und Sowjets, wobei letztere sich wenig darum kümmerten, daß Spitzbergen auch damals offiziell ein Teil des norwegischen Königreiches war. Ihre Post, die über das norwegische Postamt in die UdSSR hätte gehen müssen, war von ihnen direkt ins Sowjetreich geschickt worden. Mit ihren Hubschraubern beherrschten die Sowjets den Luftraum, und als 1975 die gewaltigste Veränderung im Alltag der Arktisinsel eintrat, die Eröffnung des Flugplatzes, schickte Aeroflot gleich eine Truppe von 20 Leuten nach Longyearbyen – Angestellte mit ihren Familien. Dies bei einem nur 14täglichen Abflug nach Murmansk. Gegen diese „Fraueninvasion" protestierten die Norweger erfolgreich.

Der Flugplatz schafft durch die Linienflüge der SAS Zugang zum Ende der Welt, obwohl Gäste nicht einmal in einem Hotel übernachten können. Bei jeder Maschinenankunft steht darum die Polizei am Flughafen. Abenteuersuchende Touristen, die keine Einladung haben, keinen Proviant und, falls keine Einladung vorliegt, kein Zelt mitgebracht haben, werden zurückgeschickt. „Wir sind doch keine Affen", meinen die Grubenarbeiter, „die sich von Touristen wie exotische Tiere anglotzen lassen." Dies ist verständlich und zu respektieren.

Von Menschenfreunden und Verrätern

Zwei norwegische Namen haben Weltberühmtheit erlangt, sind als feste Ausdrücke in andere Sprachen eingegangen. Bei beiden handelt es sich um Personennamen: Vidkund Quisling und Fridtjof Nansen. Obwohl diese zwei Männer viel miteinander zu tun hatten, standen sie doch für ganz unterschiedliche Ideen ein.

Eine der schönsten Karrikaturen des Dritten Reiches ist die des Schweden Blix, in der Göteborger Seefahrtszeitung erschienen: Der norwegische Führer Quisling ist in Berlin auf dem Weg in die Reichskanzlei. Ein SS-Mann hält ihn an und fragt: „Name?" Die Antwort ist „Quisling". „Ja, das wissen wir", so der SS-Mann, „ich habe aber nach dem Namen gefragt!" Quisling ist also weltweit zum Synonym für Verräter geworden. Der Lakai der Deutschen wurde nach dem Krieg auf der Osloer Festung Akershus unter strenger Geheimhaltung erschossen. Man wollte keine Wallfahrtstätte für ehemalige Anhänger des Nazisten schaffen.

Größenwahnsinnig der eine, außergewöhnlicher Humanist der andere, dessen Sekretär Vidkun Quisling gewesen war: der 1861 geborene Nansen. Der von ihm geschaffene „Nansenpaß" ist nach wie vor Hoffnungszeichen für die Flüchtlinge unserer Tage. 1922 bekam er für seine Arbeit den Friedensnobelpreis. Der Zoologe, der in nur 42 Tagen Grönland auf Schiern durchquerte, der mit der Fram, dem späteren Schiff von Roald Amundsen, fast zum Nordpol vordrang, hinterließ sich und seinem Land ein bleibendes Monument – durch seine Hilfe für 450 000 Flüchtlinge in Europa und ganz Rußland. Ihm war es zu verdanken, daß die große Hungersnot des Jahres 1921 im Volgatal nicht die ganze Bevölkerung ausrottete. Nansen starb 1930, sein Sohn Odd Nansen, ein berühmter Architekt, trat in die humanistischen Fußspuren seines Vaters und wurde von den Nazis prompt ins KZ gesteckt. Obwohl kurz vor dem Hungertode, versuchte er nach seiner Rückkehr die Aussöhnung mit den Deutschen in Gang zu setzen. Sein Sohn Eigil Nansen hat das Erbe des Großvaters angetreten – der blonde Hüne ist ebenfalls Architekt und steht in erster Linie jenen bei, die sich konsequent für das Schicksal der Verfolgten in Osteuropa einsetzen.

Pfarrer Asle Enger gehörte zu den wenigen, die bei der Hinrichtung des Vidkun Quisling mit dabei waren. Dieser war so von sich selbst überzeugt, daß er bis zuletzt damit rechnete, vom König wieder als Minister eingesetzt zu werden.

Der Geistliche, einst Boxer und Schilehrer, wurde 1943 gebeten, mit ungefähr 1500 norwegischen Offizieren freiwillig in die Gefangenschaft nach Deutschland zu gehen. Trotz dreier kleiner Kinder folgte er dem Ruf seiner Kirche. „Ich erlebte die Vorhöfe der Hölle. Kein Deutscher war bereit, mir zu glauben, daß ich freiwillig mit in die Kriegsgefangenschaft gezogen war. Sie dachten, ich sei ein englischer Spion."

Asle Enger war einer der ersten, der nach dem Krieg die Versöhnung mit den Deutschen forderte. Hier zeigt sich ein humanistisches Erbe, das echt norwegisch ist. Da kamen sie fast

leben wir, wie Individualisten im Gleichklang mit der arktischen Natur einer technisierten Großmacht die Stirn boten. Nur wenige Meter von dem Ort entfernt, wo die Aussicht über das friedliche Oslo (die „fast Kleinstadt" mit nur 500 000 Einwohnern) am schönsten ist, starb der „Führer Quisling", während mein Freund Asle Enger laut bat, daß „Gott ihm gnädig sein solle".

Die Festung gleicht ab Mitte Mai oft einem kleinen Garten Eden. Vergessen ist die Vergangenheit, vergessen sind Herr Hitler und Herr Quisling; „es leben die Möwen, es lebe das Tuckern der Fischerboote, der Lärm der Straße, er lebe!"

Genüßlich öffnet der Besucher, leicht hingeflegelt auf den Rasen – die Norweger nehmen es mit den Schildern: „Bitte nicht betreten" nicht so genau –, die weiße Tüte mit frisch gekochten Krabben, die er gerade beim Fischer am Kai erstanden hat, schlürft ein Leichtbier, das in der Öffentlichkeit getrunken werden darf und erst noch weniger kostet, sommerlich selig in sich hinein, schnippt die roten Krabbenschalen als freier Mensch auf freie Erde, bricht ein Stück Weißbrot ab und fragt sich: Wo könnte ich es besser haben als in Oslo? Recht hat er – denn selten gibt es sonstwo in Europa einen so lauen, weiß-bläulichen Mai, der mit seinen zarten, lichtfrohen Pastellfarben wie ein Künstler das Stadtbild verändert, Verkehrslärm mildert und die Einwohner wie bei Dornröschen aus dem langen Winterschlaf zu Träumen der Leichtigkeit erweckt. Lachen und Licht sind wieder da, nur die arg mitgenommenen Straßen mit ihren

tiefen Winterspuren, die der gesetzlich vorgeschriebene Spikesgebrauch mit sich bringt, zeugen noch von der Härte des winterlichen Klimas. Es ist, als ob Himmel und Wasser, berauscht von Ziehharmonikaklängen, im Seemannswalzertakt eine Harmonie ins Leben bringen, die selbst und gerade Edvard Munch immer wieder zu Hause gefunden und in Sonnen- und Stranddarstellungen gemalt hat, ganz im Licht des nordischen Himmels. Es bricht die Zeit an, wo der Norweger kaum Lust verspürt, schlafen zu gehen, vor allen Dingen nicht die Jugend!

Hart ist der Winter, quälend oft die Dunkelheit im Norden des Landes. Daher hat der Gesetzgeber für den Sommer kürzere Arbeitszeiten vorgeschrieben – anfangen soll man um 9 Uhr, aufhören um 15 Uhr, eben um die Sonne zu genießen. Da dämmert ganz Norwegen im Rausch der Mittsommernacht: Kriegen Sie bloß keinen Herzinfarkt – der Arzt ist beim Angeln; was, bei Ihnen wurde um 14 Uhr eingebrochen? – Rufen Sie morgen wieder an, die Bereitschaftstruppe macht gerade einen Segeltörn; wie bitte, Ihr todsicherer Volkswagen steht trotz Fluchens unbeweglich im Osloer Zentrum? – Na, was können wir denn dafür? Und Sie meinen, *wir*, ausgerechnet *wir*, die hiesige Volkswagenvertretung, müßte kommen? Wie – die Uhr zeigt erst 14.30 Uhr? Na bitte, es ist doch nicht unsere Schuld, daß Ihr Auto kaputt ist – was Arbeitsdisziplin? Und in Deutschland ist die Werkstatt bis 18 Uhr ... Na und ... bei uns ist dafür Sommer ... heute gehts nicht mehr ...

gehen Sie doch baden, vergessen Sie Ihr Auto … morgen, morgen … Und plötzlich werden die sonst so emsigen Norweger zu Südländern der schlimmsten Sorte, natürlich nur, was die Arbeitsmoral anbetrifft.

Eine freizügige Gesetzgebung hat dem Arbeitnehmer einen schönen Freiraum zur Erholung geschaffen. Ein weltweit einzigartiges Arbeitszeit-Aufsichtsgesetz regelt genau eins: daß der festangestellte Norweger ja nicht zuviel arbeitet. Tut er es doch, macht er sich strafbar. Ein Polizist kann bei einem Überfall z. B. nicht eingreifen, weil er bereits die gesetzliche Arbeitszeit überschritten hat. Das ist wirklich schon vorgekommen! Ein Arzt, der sich seinem berühmten Eid noch verpflichtet fühlt, muß – nehmen wir einmal an, er sei Chirurg – das Messer aus der Hand legen, weil die Uhr schon 15.00 geschlagen hat. Sommerfeierabend! Aber draußen warten noch Patienten, die man nicht aus Raumnot, sondern um das Arbeitsschutzgesetz peinlich genau zu erfüllen, auf dem Korridor abstellen mußte. Unser hilfsbereiter Doktor könnte ja doch in seiner Freizeit die „Not der Glieder" etwas lindern. Sicherlich, aber bitte „nicht in Norwegen". Oft warten Herzkranke so lange auf die Operation, daß sie verstorben sind, ohne jemals die fachlich hervorragende Qualität ihrer Ärzte erlebt zu haben.

Nur bei einer Gruppe von Menschen trifft dieser Freizeithunger nicht zu: Es sind die Ordnungshüter in Sachen Auto. Diese adrett angezogenen, festangestellten Stadtbediensteten tauchen überall da auf, wo man sie längst vom

Sonnenstich oder von herabfallenden Eiszapfen aus dem Verkehr gezogen glaubt. Sie machen ihr Zettelchen ans Autofenster und – Sie werden es nicht glauben wollen – verlangen glatte 80,– DM! Sollte Ihr Wagen bereits abgeschleppt worden sein, so kostet das vergnügliche Wiedersehen mit dem vierrädrigen Liebling knappe 300,– DM. Für Ausländer habe ich einen ganz unmoralischen Rat bereit: Parkgebühren nie bezahlen, die Polizei ist auf Grund der rigorosen Freizeitgesetzgebung nicht in der Lage, im Ausland ein Strafmandat zu verfolgen! Na bitte!

Für einen Auslandskorrespondenten ist es ein Ding der Unmöglichkeit, nach Sommer-Arbeitsschluß noch irgendetwas von einem Ministerium erfahren zu wollen, sofern er nicht die private Telefonnummer der Minister kennt. Denn die offizielle Telefonstimme ab Band verkündet nur: „Alles ist geschlossen."

Diesmal haben die Schweden einen guten Witz von den Norwegern übernehmen können, der ihnen, der Selbstironie wegen, hoch anzurechnen ist: Den Hintergrund bildet natürlich das berühmt berüchtigte Arbeitsschutzgesetz: Wieder einmal treffen sich ein Schwede, ein Däne und ein Norweger beim Bier. Männer unter sich sprechen gerne über ihre Frauen. Meint der Däne: „Wenn unsere Frauen auf dem Pferd sitzen, reichen ihre Beine bis zur Erde. Dies aber nicht, weil die Pferde so klein sind, sondern weil die Däninnen so schöne, lange Beine haben." Der Schwede: „Fassen wir unsere Frauen um die Taille, dann treffen sich unsere Finger. Dies aber nicht, weil wir so große Hände haben, sondern weil unsere Frauen so schmal um die Taille sind." Der Norweger kann dies nicht auf sich sitzen lassen: „Wenn wir am Morgen aus dem Haus zur Arbeit gehen, dann geben wir unseren Frauen noch einen kleinen Klaps auf den Popo. Und wenn wir dann wieder nach Hause kommen, zittert das Hinterteil immer noch! Nun, das passiert nicht deshalb, weil unsere Frauen einen so dicken Hintern haben, sondern wegen unserer kurzen Arbeitszeit."

Norwegische Malerei. Lars Hertervig (1830–1902):
Waldsee

BILDKOMMENTARE

Seite 129:
Blaue Pracht an der Gletscherfront des Briksdalsbreen. Eis hat die Eigenschaft, den langwelligen Anteil der Lichtskala (rot und gelb) zu absorbieren und nur die kurzen, streufähigen Wellen durchzulassen. Die dadurch entstehende Blaufärbung intensiviert sich bei zunehmender Mächtigkeit des Eises.

Seite 130:
Gebändertes Urgestein bei Høyset, das einst tief in der Erdkruste durch Druck und Hitze verformt wurde. Im Hintergrund das Eis des Jostedalsbreen.

Seite 131:
Der Jostedalsbreen ist ein Plateaugletscher und als solcher der größte Kontinentaleuropas (ohne Island). Riesige Eisbrüche bildend, fließen seine Gletscherzungen nach allen Seiten talwärts.

Seite 132:
Blick auf das Eisplateau aus dem Fonndalen.

Seite 133:
Kleine Eishöhle in der Ablationszone des Tuftebreen im Krundalen.

Seite 134:
Die berühmte, erdrückend hohe Trollwand im Romsdalen, die Jahr für Jahr zahlreiche Kletterer aus aller Welt anlockt.

Seite 135, oben:
Lovatnet am Fuße des Jostedalsbreen. Hinter dieser stillen Szene verbergen sich die Dramen von Bergstürzen, die schon zweimal in diesem Jahrhundert mächtige Flutwellen verursachten und mehrere Dörfer verwüsteten.

Unten:
Am Gletschertor des Tuftebreen oberhalb des Hofes Berset. Die menschliche Gestalt beim Höhleneingang gibt einen Hinweis auf die Größenverhältnisse.

Seite 136:
Eidsbugarden im Gebiete Jotunheimen. Kopf von Aasmund Olavsson Vinje (1818–1870), einem der größten Dichter Norwegens.

Seite 137, oben:
Rentiere am See Tyin.

Unten:
Lichtblick nach einem regnerischen Tag knapp nördlich von Kinsarvik.

Seite 138:
Die Gletscherzunge Oesterdalsisen, ein Ausläufer des zweitgrößten Gletschers Norwegens, dem Svartisen. Dieser Talgletscher ist in den neunziger Jahren stark geschrumpft, während jene des Jostedalsbreen in den Jahren 1993/94 bis zu 150 Meter vorgestoßen sind.

Seite 139:
1381 Meter überragt der markante Stetind den Stefjord in Nordland Fylke. Erst kürzlich wurde der Berg für die Zufahrt nach Kjöpsvik mit einer zweidreiviertel Kilometer langen Röhre untertunnelt.

Seite 140:
Wellenschlag der Fähre auf dem Geirangerfjord.

128

Wunderbare Natur, unerbittliche Natur

Tvinde-Fall, südlich von Stalheim

1985 flüchteten 80000 Norweger über die Weihnachtszeit in den sonnigen Süden. Noch stellen sie nur eine Minderheit dar, denn die wahre norwegische Volksseele erwacht erst dort zur vollen Blüte, wo auch in den Ferien Schnee und Kälte zur nächsten, oft fast hautnahen Umgebung gehören, in der eigenen Hütte nämlich. Bei Zehntausenden von Bergen, Millionen von Seen ist es kein Wunder, daß die einsame Natur ihren Lockruf in die wenigen Großstädte des Landes ausstößt. Bereits Oslo hat nur 10 Minuten vom Zentrum entfernt ein Angebot an Einsamkeit, das man sonst gerade noch in Kanada finden kann. Die Schi-Enthusiasten haben schon Hunderte von Kilometern an Pisten durch die tiefverschneiten Wälder gezogen, die hier noch heil sind.

Am Wochenende, von Freitag bis Sonntag, zieht es Junggesellen und Familienväter, Mannequins und Teenager in die abgelegenste Natur hinaus – oft drei bis vier Auto- oder Zugstunden von zu Hause entfernt. Die Hütte, eine eigene kleine Kapelle des nicht zur Schau getragenen Pantheismus': kein Wasser, kein Strom, keine Straße – so muß es sein! Das ist urnorwegisches Wochenendvergnügen! Mit den angeschnallten Schiern rast man vom Auto mit Rucksack und Baby durch tiefen Schnee zur Hütte. Gott sei Dank, die Tür geht auf, der Schlüssel bricht nicht ab, das Wochenende kann beginnen. Nur, in der Hütte sind es 8 Grad minus; also Baby absetzen, Holz holen – wo sind denn nur die Streichhölzer?! – und es wird nicht wärmer. „Was, Windeln wechseln?" – Kein Wasser, kein Klo, und draußen schneit es und ist kalt. Doch bevor sich die Frage – erst schwer, dann nur noch leicht verdrängt – aus der urwüchsigen Naturseele herausquält: Warum mußten wir denn ausgerechnet an diesem Wochenende bei *der* Kälte und *dem* schlimmen Wetterbericht in die eiskalte, verdam ... Hütte, da geschieht das Wunder: Das Holz der selbst gefällten Birke fängt ein farbenfrohes Feuer; mit einem Mal funkeln die Sterne des nordischen Himmels so vielversprechend, und der Gang zum Plumps- klosett wird zur Schneeflockenrhapsodie. Und dann – während man träumend, zähneklap- pernd seine edlen Teile auf dem selbstgezimmer- ten Klosett bequem anzubringen versucht – versteht man als Norweger, daß weder Bidet noch Marmorklosett, noch geheizter Fliesen- boden dieses „Du" mit der Mutter Natur so himmlisch einsam, kalt, aber dann wärmend herzlich vermitteln können wie die Hütte mit 50 Meter entferntem Plumpsklosett. Nur in Norwegen kann man meiner Meinung nach auf den Gedanken kommen, einen eingetragenen Verein zur „Erhaltung des Plumpsklosetts" zu gründen!

Je einsamer, desto besser – das ist und bleibt norwegische Hüttenphilosophie! Wer nun nicht ganz so begeistert diesen Traum nachvollziehen will, der reist in eins der zahlreichen, abseits der Straßen gelegenen Hochgebirgshotels (für die einfachere Wochenendgestaltung reichen auch die Berghütten) und verbringt die Zeit mit essen, tanzen, Slalom oder – im Sommer – mit langen Bergwanderungen. Diese 5-Sterne-Hotels tauchen plötzlich in der Bergeinöde auf. Sie sind kleine Inseln des heilen, geborgenen Lebens, mit einem Essen, das an die Traumschiffe der Kari- bik erinnert, natürlich einem geheizten Pool, einer meistens osteuropäischen Kapelle und einem Angebot an Loipen, Aussicht und einer nur wenige Meter vom Hotel erlebbaren Ein- samkeit, welche die Bequemlichkeit einer im

Winter geräumten Straße mit dem Abenteuer- drang eines Peer Gynt verbindet! Hat man sich als Hotelgast mit Schiern stundenlang durch eine Natur geschlagen, deren Öde und schnee- verwehte Einsamkeit Sehnsucht nach Wärme und Geborgenheit erwachen läßt, so bietet das Hotel dem müden Heimkehrer die „Stadt"; dies auf 1000 Metern Höhe und nichts als Öde und nochmals Öde ringsum.

Da ist es schon ein besonderer Charakterzug der Norweger, nicht nur der Hoteliers, wenn in diese Abgeschiedenheit ein Abendkleid, ein Smoking mitgenommen werden. Ein Stückchen Eleganz am Ende Europas? Schön ist es da jeden- falls, daß die Kinder auch auf der Tanzfläche ihren natürlichen Platz haben. In Norwegen sind sie überall mit dabei, auch wenn die Mutti zur Ehre des Abends das Tiefausgeschnittene an- gezogen hat und der Vater zum gewagten Tan- goschritt den Smoking träg. Keinen verwundert es, sollten beide in ungewollter Umarmung auf dem Hochgebirgshotelparkett über den eigenen hoffnungsvollen Nachwuchs stolpern!

Wer wirklich „Ferien vom Ich" erleben möchte, der muß einen der 15 norwegischen Nationalparks zu Fuß erwandern! Der wildeste und urwüchsigste in seiner Erscheinung ist Jotunheimen: eine 1140 km² große Gebirgswelt, die in ihrer einsamen Majestät den frühen Nor- wegern Grund genug gab, hier den Sitz von Göttermenschen zu vermuten. Jotunheimen ist faktisch ein nationales Naturheiligtum der Nor- weger geworden. Hier finden wir die zwei höch- sten Gipfel des Landes, den Galdhøpiggen mit

2469 Metern Höhe sowie Glittertinden, nur 5 Meter kleiner. Kaum hat man das Auto vor der gewaltigen Naturfestung auf einem ungesicherten Parkplatz abgestellt, es verlassen und sich den Rucksack umgeschnallt, kommt man in eine Welt, wo das Stillstehen der Zeit fast fühlbar ist. Kein Autolärm, kein störendes Zeichen der Zivilisation! Auf engen, aber gut gekennzeichneten Pfaden wandert man von Hütte zu Hütte, die an Gastlichkeit für wenig Geld viel bieten. Der Touristenverein besitzt auch eine Anzahl von Häusern, die nicht mit einem Wirt aufwarten. Hier kann man übernachten, sich in der Küche bedienen, muß das Verbrauchte aber entweder in Naturalien oder Geld ersetzen. So viel Vertrauen hat der Norweger in seine Wanderer! Wer Ferien mit Modenschauen verwechselt, darf nicht die norwegischen Nationalparks betreten, denn hier zählt das Äußere in Sachen Bekleidung überhaupt nicht! Wichtig ist nur eins, daß man zum Überleben genug mit hat!

Denn die Einsamkeit prägt alle Naturreservate der Norweger. Rondane, nicht weit von Jotunheimen entfernt, ist ebenfalls ein herrlich wildes Gebirgsgebiet, nur kleiner als Jotunheimen. Wenn man Glück hat, kreuzen wilde Rentiere den einsamen Pfad. Femundsmarka, an der schwedischen Grenze in Mittelnorwegen gelegen, bietet mit seinen 386 km² dem Angler ein Paradies an Seen und Sümpfen. Das Hochpla-

Bequeme und warme Schlittenfahrt zu zweit im 18. Jh.

teau liegt zwischen 600–1200 Meter über dem Meeresspiegel. Angelkarten können überall gekauft werden. Für den Sportfischer ist Norwegens Küste ein Eldorado. Ein Strandgesetz hält dem Wanderer die gesamte Küste (bis auf militärische Anlagen) offen. Selbst wenn der Boden in Privatbesitz ist, kann einem keiner verbieten, vom Strand weg 100 Meter weit entweder zu angeln oder zu baden. Dies zum Ärger vieler Hüttenbesitzer. Das menschenfreundliche Gesetz gibt auch dem Millionär keine Möglichkeit, durch das Schild „Privat" oder die Drohung mit dem Hund Fremde zu verscheuchen.

Wie lange soll man in einem der Naturparks wandern? Will man wirklich Erholung durch die Natur erleben, dann sind fünf Tage, eine Woche zu empfehlen. Aber man muß alles, am besten auch ein Laken, im eigenen Rucksack mitnehmen; oder man legt die Tagestouren so, daß man gegen Abend immer eine Hütte erreicht, die neben der Übernachtung auch Verpflegung anbietet.

Von der Natur allein kann vielleicht der Urlauber – über eine kurze Zeitspanne – leben, dem Einheimischen fällt dies aber längst nicht immer so leicht. Nordnorwegen ist dafür das beste Beispiel: 1986 ist das dunkelste Jahr für viele der kleinen Fischerdörfer an der Nord-Ost-Küste der Finnmark. In den letzten fünf Jahren haben 10 000 Menschen den nördlichsten Landesteil verlassen. In der nördlichsten Stadt der Welt, Hammerfest, steht ein modernes Krankenhaus – doch Patienten kann nicht dem

technologischen Standard entsprechend geholfen werden, weil es an Spezialisten fehlt!

Der Unterschied zwischen Südnorwegen mit der Hauptstadt Oslo und Nordnorwegen mit Rußland als nächstem Nachbarn kann so groß sein, daß man meint, in ein anderes Land zu kommen. Von Oslo aus ist es billiger, nach New York als nach Nordnorwegen zu fliegen! Nur 150 km von Hammerfest entfernt liegt der einzige eisfreie Hafen Rußlands, Murmansk. Interessanterweise wächst hier die Bevölkerung. Die gigantische Fischindustrie der Russen sowie der kolossale Ausbau der militärischen Einrichtungen auf der Kolahalbinsel tragen mit dazu bei. Auf der westlichen Seite, vom Nordkap bis nach Vardø, sinkt die Bevölkerung mit durchschnittlich 8 % pro Jahr. Häuser verfallen, eine Jahrhunderte alte Kultur trägt alle Anzeichen des Aussterbens an sich. Pessimismus breitet sich aus. In der Finnmark mit ihren 55 000 km² leben noch 75 000 Menschen. In diesem strategisch bis vor kurzem so wichtigen Gebiet finden wir eine Natur, die einem den Atem nimmt. Nur, vom Anschauen der Felsmassive kann man eben nicht leben, und das Betrachten der malerischen Fischerdörfer macht den Magen nicht satt. Die Osloer Regierung geht sogar so weit, von jungen Ärzten ein Pflichtjahr in der Finnmark zu fordern. Steuererleichterungen, billige Reisen in den Süden, niedrigere Benzinpreise können vielleicht einmal, falls das Storting „Ja" dazu sagt, die Menschen in der Finnmark halten. Natürlich sehen sie es nicht gern, wenn ihnen nur durch eine Art von Trostprämie das

Leben am Ende Europas erleichtert werden soll. Sie verlangen die Dezentralisierung des Staates, wünschen und hoffen, daß staatliche Institutionen von Oslo in die Finnmark verlegt werden. „Was nützt es denn", meint der Berufsfischer Ivar, „wenn wir zwar einen guten Fang machen, aber in unserem Fischerdorf weder Apotheke noch Disco haben? Die Jugend will weg, will was erleben. Daß wir nach 1945 diesen Landstrich neu aufgebaut haben, interessiert sie nicht sonderlich."

1944 im Spätherbst brannten die deutschen Truppen die Finnmark ab. Auf dem Rückzug vor den anrückenden Russen blieb kein Haus, keine Kirche stehen. Daher ist es heute, mehr als 40 Jahre später, schon bitter, wenn sich der einst blühende Landstrich der 50er Jahre wieder auf dem Weg in einen langsamen Tod befindet.

Ein grauer Wintertag mit vom Eismeer langsam gegen die Küste streichenden Nebelschwaden unterstreicht die Leere und Abgeschiedenheit von Vorterøy. Leer sind die Holzgerüste, auf denen einst der Kabeljau zum Trocknen gehängt wurde, leer die meisten der von außen so idyllisch aussehenden Fischerhäuser. Nur Isak Salamonsen geht treu seinen täglichen Gang zum kleinen Leuchtturm, gießt neues Öl in eine alte Lampe, die bald ganz erlöschen wird. 150 Menschen wohnten einst auf der Insel, die sich wie zum Trotz dem grauen Eismeer entgegenwirft. Doch vor 17 Jahren wurde die Schule geschlossen. „Das", sagt Isak, „war der Todesstoß für unser Dorf." Noch hält er mit neun anderen das Leben in der Abgeschiedenheit aus. Trotz

seiner 67 Jahre. „Der Pfarrer hat uns geschrieben, daß er uns nicht mehr besuchen kann. Auch für die Kirche sind wir schon abgeschrieben." Die Stimme des alten Mannes, dessen Rückgrat jedoch ungebrochen scheint, hat einen bitteren Beigeschmack. Der Nebel wird dichter. Auf dem Friedhof beleben ein paar Plastikblumen die verblichenen Holzkreuze, Zeichen des Todes auf See. Ganze Geschlechter sind durch die mächtigen Wellen des Eismeers ausgelöscht worden. Großvater, Vater und Sohn – nordnorwegische Schicksale.

Er war alles, Fischer und Fischaufkäufer, Briefträger und Kaufmann. Heute wartet Isak Salamonsen auf die Volkspension, die ihm auf Vorterøy etwas Sicherheit geben kann. Alle Norweger sind mit 67 Jahren berechtigt, die vom Staat gezahlte Volkspension in Empfang zu nehmen. Ihre Höhe richtet sich nach den eingebrachten Steuerleistungen. Für Isak bedeutet dies rund 1000,– DM im Monat. Damit kann er gut auf seiner Insel auskommen. Nur, allein möchte er in dem Gespensterdorf nicht bleiben. „Pfui Teufel", flucht er freundlich und rollt sich eine Zigarette mit Fingern, die von Gicht gezeichnet sind, „was haben wir geschafft, um unsere Insel am Leben zu erhalten. Jeden Sommer nach dem Fischfang habe ich mit den Freunden mein Holzboot umgebaut. Mit langen Planken zimmerten wir eine Art von Holzcontainer auf dem Vorderdeck zusammen und gingen dann auf den Fang – diesmal aber nicht auf den Fischfang, sondern den Kartoffelfang. Fast 1000 km fuhren wir die Küste nach Trondheim runter.

Fischerszenerie auf den Lofoten im 19. Jh.

Bei Bauern luden wir das Schiff bis zum Rand voll mit Kartoffeln. Dann ging es wieder ab nach Hause. Die Kartoffeln verkauften wir unterwegs auf den Inseln. So schafften wir uns ein paar Kronen Extraverdienst. Wir haben noch Tag und Nacht gearbeitet, und das ist für mich heute das Schlimmste, daß alles umsonst war."

Noch leuchtet das kleine weiße Türmchen, das allerdings nur noch den Möwen signalisiert: „Hier gibt es einen Hafen. Hier kann man bleiben."

Trygve auf Loppa ist 36 Jahre jünger als Isak Salamonsen. Seine Insel unterscheidet sich kaum von Vorterøy, dafür aber ist hier das Meer, das Lopphavet, ganz anders. Eines der schlimmsten überhaupt, sagt man von ihm: „Wer noch nie seekrank war, der wird es auf dem Lopphavet."

Mit dem Distriktsarzt Helge bin ich per Schiff auf Patientenbesuch. Die zwei Dieselmotoren machen aus seinem Vehikel ein Schnellboot. Das Arztschiff versorgt Menschen auf einer Inselgruppe, die der Ausdehnung nach fast so groß wie Bayern ist. Stationiert in Øxfjord, muß der junge Arzt im Notfall sogar auf dem Meer operieren. Diesmal ist das Schiff mit zwei Mann Besatzung unterwegs, um Trygves Sohn zu untersuchen. Seit Tagen hat er

Bauchschmerzen. Helge macht sich Sorgen: „Der Kleine könnte eine Blinddarmentzündung haben. Ich mach auf alle Fälle meinen provisorischen Operationstisch fertig." Der Steuermann, ein Hüne von 2 Metern, der die Kneipen der Reeperbahn genausogut kennt wie die sieben Weltmeere, kann im Notfall als Krankenschwester assistieren.

Der Wind frischt auf. Eine plötzliche Welle läßt den Schiffsrumpf erzittern. Am Operationstisch sind dicke Lederriemen, um bei hohem Seegang den Patienten festhalten zu können. Loppa taucht aus dem Meer auf, drohend, wie eine gewaltige mittelalterliche Festung. Berge fallen steil ins Meer ab, der Anlegeplatz ist baufällig, das Holz durch den Wellenschlag der Jahrzehnte schon leicht vermodert. Trygve steht mit seinen Freunden am Kai. Nur ein Fischerboot bringt etwas Leben in die Abgeschiedenheit der Inselwelt. Ein schneller, gezielter Wurf, und das Tau ist aufgefangen, das Arztschiff macht fest.

Ivar mit seinen sechs Jahren liegt in der Stube. Er ist bleich. Über dem Sofa hängt ein billiger Druck: Jesus beim Abendmahl. Das Zimmer ist einfach eingerichtet, sehr sauber. Die Mutter, eine stille Frau, sagt kaum ein Wort, nur ein schnelles, fast scheues „Hei". Die Menschen hier oben reden nicht viel. Überflüssige Worte sind nicht gefragt.

Trotz seiner jungen Jahre macht Helge, der als Arzt für die Menschen in diesem riesigen Küstengebiet alleine verantwortlich ist, einen sicheren, professionellen Eindruck. Seine Finger

gleiten bestimmt über die Bauchhöhle des Jungen. Knapp fragt er nach dem letzten Wetterbericht. „Wir rechnen mit auffrischendem Wind bis zur steifen Brise", sagt der Steuermann. Nur einen Augenblick zögert der Arzt, dann befiehlt er knapp: „Ruft die Rettungszentrale an. Wir brauchen einen Hubschrauber. Im Krankenhaus in Hammerfest sollen sie alles für eine Blinddarmoperation fertigmachen." Leicht legt er seine Hand auf die Stirn des fiebernden Jungen. „Ich paß schon gut auf Dich auf."

Trygve, der Vater, kommt mit Kaffee, dem norwegischen Nationalgetränk, in die Stube. „Damals, als ich klein war, da haben die Frauen auf unserer Insel die Kinder oft ohne Arzt geboren." Er trinkt bedächtig. „Mein Onkel Geir wurde nur 48 Jahre alt. Er starb in dieser Stube an einer Gehirnhautentzündung. Wir hatten eine Woche lang Orkan. Kein Schiff konnte zu uns kommen, kein Boot kam von der Insel weg."

Noch nicht einmal eine halbe Stunde ist vergangen. Die Knattergeräusche des Søkorsky-Rettungshubschraubers übertönen das Rauschen der Wellen. Auf einem Fleckchen Wiese landet die Maschine. Vater und Mutter dürfen mitkommen. Helge hat dem Kleinen noch eine Spritze gegeben. Ein zweiter Arzt ist im Hubschrauber mit dabei. „Ich kann nicht vom Schiff weg", sagt Helge, „jeden Augenblick kann etwas passieren. Ich muß bereit sein."

Loppa mit seiner baufälligen Holzkaianlage verschwindet langsam in der Gischt der starken Motoren. Der Fischer Trygve wird auf der Insel

BILDKOMMENTARE

Seite 149:
Harter Stein mit weichen Formen an der Ostküste von Austvågøy.

Seite 150:
Die Überreste einer Lawine schmelzen langsam in einem Gebirgssee auf der Insel Moskenes, Lofoten.

Seite 151, oben:
Bergseelein auf der Insel Moskenes mit dem Dorf Sørvagen auf einem schmalen vorgelagerten Küstenstreifen im Hintergrund.

Unten:
Durch Erosion zerfurchte Felsenwälle auf der Insel Austvågøy.

Seite 152:
Sanfter Verlauf von Land und Wasser an der Westküste Austvågøys.

Seite 153:
Im Gezeitenbereich eines der wenigen, flachen Küstenstriche der Lofoten wühlt Kleingetier den Schlick auf.

Seiten 154/155:
Mitternacht anfangs Juni auf den Lofoten.

Seite 156, oben und unten:
Verfließformen von Sanden unterschiedlicher Zusammensetzung und Dichte an der Westküste von Austvågøy.

Seite 157, oben:
Einsames Häuschen in einer Bucht bei Moskenes auf der gleichnamigen Insel der Lofotengruppe. Heller Sand sorgt für die intensive Türkisfärbung des Meerwassers.

Unten:
Tauendes Eis auf dem Trolldalsvatn im Herzen der gebirgigen Insel Moskenes, Lofoten.

Seite 158:
Ein Häuschen, das schon bessere Zeiten gesehen hat. Nächtlicher Sonnenschein auf den Lofoten.

Seite 159:
Steil und hoch aufragende Berge, wie hier auf Moskenes, sind das landschaftliche Charakteristikum der Lofotengruppe.

Seite 160:
Stockfisch bei Nusfjord, Lofoten. Der Fischfang ist das wirtschaftliche Rückgrat der Inselgruppe. An der touristischen Front wird eine Ferienart angeboten, die sich Rorbucamping nennt. Es sind in gemütliche Unterkünfte umfunktionierte Fischerhütten, oft auf Pfählen über dem Küstenwasser errichtet.

Stromschnellenabenteuer bei mitternächtlicher Sonne

ohne Schule für seinen Jungen wohnen bleiben. Neulich war er zum Verkaufsgespräch in Japan. Rohfischspezialitäten – vom Tintenfisch bis zur Hummernachahmung – soll er liefern. Auch Afrika kennt er ganz gut. Seinen Trockenfisch verkaufte er erfolgreich nach Nigeria, so lange man dort bezahlte. Nun ist er erst einmal auf einer Partie von 15 Tonnen sitzengeblieben. Auch das nimmt er, wie den sonstigen Lebensrhythmus auf Loppa, ruhig hin.

Unser Steuermann hat einen selbstgefangenen Kabeljau von zwei Kilo in den Topf geschmissen. Helge liegt auf der Couch und versucht zu schlafen. „Weißt Du, er bekommt nur alle vier Wochen für ein Wochenende Ablösung. Er muß also Tag und Nacht bereit sein." Der Steuermann, diesmal Koch in der blitzsauberen Kombüse, gibt noch ein bißchen Salz in den Topf. „Das Tag-und-Nacht-im-Dienst-Sein gilt doch auch für dich? Wie wirst du denn damit fertig?" Mein Steuermann lacht mir zu: „Abends einen kräftigen Whisky und eine liebevolle Ehefrau, dann schläft ein alter Seebär wie ich sofort!"

Philosoph, Bauer, Rentierjäger

Rakkestad mag dem geneigten Leser, selbst dem Norwegenenthusiasten wenig sagen. Dies zu Recht, denn das auf eine Art Kleinstadt erweiterte Dorf mit seiner relativ bunten Hauptstraße liegt zwischen den beiden Einfallswegen nach Oslo, etwa anderthalb Autostunden von der Haupstadt entfernt.

Weder eine gigantische Bergwelt noch zu emotionalen Begeisterungsstürmen verleitende Wasserfälle können den Besucher in Naturverzückung versetzen. Die Landschaft ist relativ flach, abgeschliffen von den Massen der Eiszeit, ein guter Nährboden für die anscheinend nie aufhören wollenden norwegischen Wälder.

Rakkestad habe ich schon eine Minute nach der Durchfahrt vergessen – die Einwohner mögen mir die gewisse Großstadtüberheblichkeit des in Oslo lebenden Ausländers vergeben. Nach zwei Minuten lande ich auf einem holprigen Waldweg, der, an zwei kleinen Höfen vorbei, in die für dieses Land typische Einsamkeit führt. Fast liebkosend schlagen überhängende Tannenzweige gegen die Windschutzscheibe des Autos, ein Elch, etwas abseits stehend, wirft mir einen flüchtigen Blick zu und kaut dann weiter an einer jungen Kiefer. Am Ende dieses selbstgeschlagenen und gebauten Weges über Stock und Stein liegt das Haus meines Freundes Tore, mit dem schönen norwegischen Nachnamen „Stubberud". Am Ende des Weges, das heißt mitten in der Waldeinsamkeit, ein paar hundert Meter vom Ufer des Glomma, Norwegens längstem Fluß. Das Haus ist auf Granit gebaut und von Klippen umgeben, ein Stück kaltes Naturparadies, wo Elche und Rehe bis ans Fenster kommen.

Keiner konnte diese Gegend besser beschreiben als Norwegens großer Erzähler Trygve Gulbranssen. Sein Roman „Und ewig singen die Wälder" wurde in dreißig Sprachen übersetzt, erreichte Millionenauflagen. Doch der Verfasser mit seiner aus dem Holz Norwegens geschnitzten Sprache, mit seinen Personen, die nach Erde riechen, starb einsam – von einer neidischen Hauptstadtpresse als „Bauernlümmel" verschrieen.

Tore Stubberud hat sein Haus da gebaut, wo der große Erzähler zu Hause war. Als Trygve Gulbranssen, der neben Knut Hamsun im Ausland das „Menschen- und Naturerlebnis Norwegen" am bekanntesten gemacht hat, 1962 68jährig starb, war mein Freund Tore gerade 15 Jahre alt, aber bereits stolzer Bewohner eines eigenen Zimmers. Der Arbeitersohn aus der Industriestadt Sarpsborg am Oslofjord flucht heute so fließend auf französisch, englisch und deutsch, daß er überall in den Hauptstädten Europas ein gutes Auskommen haben könnte.

Fast zwei Meter groß, mit Händen, die einen fast erdrücken, und Schultern, die an den berühmt berüchtigten Kruppstahl erinnern, ist der blauäugige Hüne das Traumbild eines „Germa-

nen", eine wahre Reklamefigur für das „Nordische". Anstatt im Porsche über die Autobahn in sein geliebtes Paris zu flitzen, liegt er unter einem halbverrosteten Volvotraktor, den er dank seines Verhandlungsgeschicks billig erstanden hat, und schweißt einen angebrochenen Rahmen. „Das, was ich hier mache, ist echter Marxismus. Ich eigne mir die Produktionsmittel als Vertreter der arbeitenden Klasse an."

„Was habt ihr nicht alles? Denk an Hegel, ein Name, der wie Knoblauchbutter auf der Zunge zerfließt; Hegel, Junge, das war noch philosophische Artillerie!" Tore – ölverschmiert, Dichter, Schriftsteller, Dozent der Philosophie und Bauer. „Was willst du mehr? Was brauchst du hier Berlin oder Paris? Hier atmet der Wald; hier, in meiner Einsamkeit, kann ich ebensogut intellektuelle Aufgaben leisten und Dimensionen ungeahnter Tiefe durchdringen wie an den Hochburgen des europäischen Geistes in Oxford oder Frankfurt. Und gleichzeitig lebe ich hier als Mensch, hörst du Junge, als Mensch." Da ist es kein Wunder, daß Tore Stubberud in seinem Roman „Ein Zimmer in der Nacht" das unbekannte Leben des großen Vorgängers Trygve Gulbranssen beschrieben hat.

Ist es nicht wirklich so, daß intellektueller Tiefgang durch das Leben in einer noch unverfälschten Kultur echte Menschen schafft, die weder gekünstelt noch verspielt, noch egozentrisch-mißtrauisch über die richtige Höhe ihres Gedankenfluges wachen? Zu ihnen zählt sicher

163

der Bauer und Philosoph, der Holzfäller und Schriftsteller Tore Stubberud.

In der großen, lichtvollen Stube seines Holzhauses steht ein Flügel, daneben die Angel, an der Wand hängen drei Gewehre, eine Mauser, eine AG-3-Maschinenpistole und eine Schrotflinte – alle drei machen einen viel gebrauchten Eindruck. Auf dem Tisch liegt französische Philosophie, die Herald Tribune, daneben eine Packung mit Patronen. „In 40 Sekunden", sagt Tore, und Stolz schwingt in seiner Stimme mit, „baue ich Dir die Maschinenpistole auseinander und wieder zusammen. Das ist Kunst!"

Mein Freund ist Offizier der Volkswehr, der in Norwegen 100 000 Mann (und Frauen) angehören. Sie wurde 1946 gegründet. Tores Freunde sind wie er. Der Zahnarzt ist, da er billigen Zugang zu reinem Sprit hat, für die Schnapsversorgung zuständig; der Nachbar, ein Kleinbauer und noch größer als Tore, sorgt für kleine Lekkereien zu später Stunde: Filet vom Schaf oder Steak vom Elch. Diese Männer fragen nicht nach Ausbildung oder Titeln, sondern nur danach: „Was leistest Du, wenn es darauf ankommt? Kannst Du 40 km durch den Schnee marschieren? Kannst Du mit der Maschinenpistole einen eventuellen Gegner auf drei Kilometer treffen? Bist du bereit mitanzupacken, wenn ein anderer in Not ist?

Fast vier Kilometer lang ist der Waldweg, der zu Tores Bauernhof führt. Im Winter ist er, der Philosoph, dafür verantwortlich, daß dieser Weg geräumt wird. Das macht er alleine mit sei-

nem alten Volvotraktor und pfeift dazu französische Chansons.

Einmal im Jahr wird Tore nervös, fangen seine Hände und die seiner Freunde an zu zittern, voller Erwartung, ja fast voller Erregung. Die Büchse wird gereinigt, der Zahnarzt bestellt mehr Sprit in der Apotheke, ein Fieber ergreift sie wie Tausende andere in dem so langgestreckten Land. Es ist wieder soweit, der Spätherbst beginnt und damit die Elchjagd. Ist sie das größte Freizeitvergnügen des norwegischen Mannes? Ich weiß es nicht. Eins ist aber sicher, zum Zeitpunkt der Elchjagd stehen im ganzen Lande viele Räder still. Die Männer durchkämmen den Wald, haben eine Quote, die geschossen werden darf: 30–40 000 Tiere.

Elchjagd bedeutet Rückbesinnung und Neubegreifen der Wikingervergangenheit. Die Könige des Waldes haben oft eine Schulterhöhe von zwei Metern und können fast drei Meter lang werden. Für den Bauern, der in Norwegen fast immer auch Waldbesitzer ist, stellen sie ein ständiges Ärgernis dar, weil sie als Lieblingsspeise die kleinen Tannen und Fichten anknabbern und abfressen. Überhaupt zeigt der Elch wenig Respekt vor den Menschen. Manchmal, so scheint es, weiß er genau, wann Schonzeit ist. Dann frißt er sogar den jungen Kohl auf dem Acker und der Bauer muß zusehen, wie er das Riesenvieh wieder los wird. Mehrere Wochen lang plagte eine Elchkuh Einwohner am Osloer Stadtrand. Sie rannte Leute über den Haufen, stieß einen Studenten um, so daß er drei Rippen brach, ging in die Gärten und blökte. Die Kinder wurden aus Angst schon nicht mehr zur Schule geschickt, erst da ließ die Polizei Schonzeit Schonzeit sein und erschoß das Tier.

Das magere Elchfleisch ist ein wichtiger Bestandteil der bäuerlichen Ernährung. Das Tier wird von der Jagdgruppe zerlegt und die Fleischstücke verteilt. Da kann jeder leicht 100 Kilo mit nach Hause nehmen, auch wenn nur ein Tier geschossen wurde. Ein richtiger Elchbraten, mit Speck gespickt und Preiselbeeren dazu, ist eine schöne, gut duftende Sache. König Olav (1903–91) servierte seinen Gästen gerne Rentier- oder Elchbraten. Vielleicht lag hier das Geheimnis seines hohen Alters?

Die Häute der großen, schweren Tiere wurden bis vor einigen Jahren zu Seife verarbeitet. Nun gibt es eine eigene kleine Industrie in Ostnorwegen, die Elchhäute modisch verarbeitet.

Norwegische Schnitzkunst am Portal der Stabskirche in Hylestad (12. Jh.): Der Schmied Regin flickt das Schwert des Drachentöters Sigurd.

Oslo, eine lebendige Hauptstadt

Fred Akerstrøm war einer der schwedischen Troubadours, der seine größten Erfolge in Norwegen feierte. Leider starb er wegen seiner Liebe zum Alkohol relativ jung. Er hinterließ jedoch ein Lied, das ich Ihnen nicht vorenthalten möchte. Es ist ein Liebeslied an Oslo, der schwedische Titel lautet „Oslo – jag elskar dig":

„Die Kapitale ist eine Kleinstadt, das macht ihren Charme aus. Das Herz, die Hauptstraße, heißt Karl Johann, so benannt nach dem ehemaligen Schwedenkönig, und ist kein Kurfürstendamm, bietet nicht die zahlreichen süßen Verführungen der Champs Elysées, kennt nicht die Leichtfertigkeit der Reeperbahn Hamburgs geschweige denn den harten 24-Stunden-Beat des Times Square in New York. Karl Johann gleicht eher einer freundlichen alten Dame, die trotz des etwas zu dicken Make-ups die Schönheit und Reinheit der Jugend nicht ganz verdecken kann.

Nur 22 Minuten braucht man, um vom Hauptbahnhof zum Schloß des Königs zu spazieren. 22 Minuten, die Norwegen in seiner Gesamtheit umfassen: die Verschiedenheit der Menschen und Milieus, die Gerüche von Armut bis hin zu den Düften der wenigen Luxusrestaurants. Karl Johann – ein Mini-Norwegen; eine angenehme Begegnung mit einer lieben alten Tante, die man zwar schon lange nicht mehr gesehen hat, aber so gut kennt, als ob man gemeinsam mit ihr ein Leben verbracht hätte. Nirgendwo sonst erlebt man die Nähe dieses Volkes zueinander besser als auf eben dieser Straße. Denn hier kommen alle vorbei, vom jungen Gardesoldaten bis zu Liv Ullmann, vom kriegsgeschädigten Alkoholiker bis zur Ministerpräsidentin, die ihre Einkaufstüten ohne Sicherheitsbeamte aus dem nach 17 Uhr noch geöffneten Hauptstraßen-Kolonialwarenladen nach Hause schleppt. Karl Johann – steht man auf dir lange genug herum, dann hat man alle gesehen, die man in Norwegen kennen muß. Keine fünf Øre in der Tasche, stand ich vorm Grand Hotel, mit einem fast nicht zu überwindenden Kaffeedurst. Da kam der damalige Ministerpräsident Kaare Wiloch, leicht schlendernd, zum Parlament spaziert. Herr Willoch ist einer der fähigsten und bekanntesten Politiker des Landes, dessen scharfer Witz in Kombination mit einem klaren, analytischen Denken schon manchen politischen Gegner zur Verzweiflung gebracht hat. Nun kam er – der Herr Ministerpräsident, seine Aktentasche fest in der Hand, mir entgegen. ‚Kaare, lieber Freund', rief ich, ‚könntest du einem armen Ausländer nicht eine Tasse Kaffee im Parlamentsrestaurant spendieren?' Der Herr Ministerpräsident blieb stehen, drückte mir fest die Hand und sagte: „Aber selbstverständlich. Gib mir nur zehn Minuten, dann sei doch mein Gast.‘"

Kann es eigentlich noch unformeller zugehen? Das ist der Reiz von Karl Johann, einer der kleinsten, aber nichts desto weniger intensiven Hauptstraßen der Welt.

„Warum soll ich eigentlich aus Oslo wegfahren", meint Ivar, „im Sommer habe ich den Fjord mit seinen Hunderten von Buchten und Angelplätzen oder die Nordmark – was haben wir schon für herrliche Fahrradtouren dort unternommen, an einem See gezeltet, ganz alleine, geangelt, den Fisch über Steinen geröstet. Wie viele Möglichkeiten bietet die Nordmark im Winter. Sie ist für den Schiläufer ein einziges Paradies." Ivar Myhre weiß, wovon er spricht. Er ist mein Kaufmann, mein Freund; mit seinen Bärenkräften, seinem ruhigen Wesen symbolisiert er in seiner Person vieles vom Urnorwegischen. Sein Laden ist von einer freundlichen Atmosphäre erfüllt, kennt nicht die gesichtslose Unruhe der Riesensupermärkte. „Wenn ich einmal Geld genug habe und alt genug bin", träumt Ivar, „dann verkaufe ich das Geschäft und sehe zu, in Nord-Norwegen einen alten, aber guterhaltenen Fischkutter zu bekommen. Dann fahre ich mit ihm rund um die Welt." Tagträume eines Osloer Kaufmannes, der einst als Eisbärenjäger auf Spitzbergen überwinterte, der als Junggeselle bei minus 30 Grad mit seinen Schiern meilenweit durch die Gegend zog, im Schnee auf abgehackten Tannenästen übernachtete und im Hochgebirge wochenlang Elch und Schneehuhn jagte.

Im Osten Oslos – umgeben von häßlichen, vom Zahn der Zeit angenagten Altbauten sowie Neubaukomplexen, die so einheitlich europäisch-farblos sind, daß sie mit Norwegen nun überhaupt nichts zu tun haben – liegt ein Museum, ja, schon eher ein Tempel der Kunst, der den Namen des Malers trägt, der neben van Gogh zu den größten Expressionisten unserer Zeit zählt – Edvard Munch. Es kostet keinen Eintritt, wenn man in die Farbenwelt und -Pracht Edvard Munchs eintauchen will. Freundliche Wächter zeigen durch feine Zurückhaltung, daß das städtische Museum für den Betrachter und nicht nur für den Ruhm der Stadt geschaffen ist.

Munch, der einen großen Teil seines Lebens in Deutschland verbrachte, hat der Stadt Oslo seine Sammlung an Gemälden und Zeichnungen vermacht. Wurde er gegen Ende des letzten Jahrhunderts mit seiner als „Skandal" titulierten Ausstellung in Berlin berühmt, so kostete es ihn Jahre, bevor auch seine Landsleute ihm Anerkennung zollten. Wer die Möglichkeit hat, in der Aula der alten Universität Oslos – sie liegt zwischen Schloß und Parlament – Munchs malerisches Werk zu betrachten, wird sehr schnell sehen, wie ihn die Küstenlandschaft, das Zusammenspiel des nordischen Lichtes mit dem Wasser, die Helligkeit der Nächte faszinierte. Die Farbschwingungen des Himmels mit seinen leichten Tönen hat kein anderer so wiedergeben können wie Munch.

1916 zog er nach Oslo, wo er das Eigentum Ekely kaufte, und schloß sich fast hermetisch von der Umwelt ab. Wie ein Einsiedler lebend, malte er Tag und Nacht. Da er zum Leben wenig brauchte, verkaufte er auch kaum Bilder. So geschah es, daß nach seinem Tode im Jahre 1944 aus seinem Nachlaß die gigantische Anzahl von 6000 Werken an die Stadt Oslo überging.

BILDKOMMENTARE

Seite 169:
Auf den inneren Hochlagen des Nordens zieht sich der Winter selbst nach der Sonnenwende nur zögernd zurück, weicht aber letztlich einem kurzen, intensiven und lebenserquickenden Sommer, während in den Küstengebieten dank dem Golfstrom auch in der dunklen Jahreszeit erträgliche klimatische Bedingungen herrschen.

Seite 170:
Ein Garten in Hammerfest.

Seite 171, oben:
Am Tufjord auf der Nordkapinsel Magerøya.

Unten:
Bei Forsøl nördlich der Stadt Hammerfest.

Seite 172, oben:
Felsküste am Lyngenfjord mit dem bis zu 1833 m hohen Gebirge auf der Lyngen-Halbinsel.

Unten:
Auch der Norden des Landes hat seine eiszeitlichen Überlieferungen. Jeglicher Vegetation barer Granitbuckel bei Kråkmo.

Seite 173, oben:
Felsschliffe am Porsangerfjord.

Unten:
Am Skjerstadsfjord.

Seiten 174/175:
Die fröhliche Lichtfülle mitternächtlichen Sonnenscheins muß öfters den schweren, aber um so geheimnisvolleren Stimmungen herannahender Wetterfronten weichen. Inmitten solcher atmosphärischer Spiele und fernnördlicher Umgebung wird das menschliche Haus zu einer Stätte der Geborgenheit.

Seite 176, oben:
Am Tjeldsund westlich von Narvik.

Unten:
Schneeschmelze am Leirbotnvatn in der Finnmark. Es ist schon bald Mitte Juni und nur zögernd erwachen die schütteren Birkenwälder zu frischem Grün.

Seite 177:
Der hoch aufragende Otertind im Signaldalen, Troms.

Seiten 178/179:
Abendliches Lichtspiel über dem Altafjord.

Seite 180:
Eine Mittsommernacht am Lyngenfjord.

Munchs Bilderwelt vermittelt Norwegen in seinen Abgründen zwischen Licht und Dunkelheit auf eine intensive, ergreifende Weise. Der Besucher verliert hier schnell das Gefühl für Raum und Zeit. Dafür vermag ihn das ans Museum grenzende Restaurant um so hurtiger wieder aus dem Reich des fast träumenden Schauens auf den knallharten Boden der Realität zu setzen. Einmal ganz abgesehen von den hohen Preisen, habe ich es bis heute nicht erlebt, dort pünktlich und höflich bedient zu werden. Ist das Museum gratis, so schlägt das angrenzende Restaurant gleich doppelt und dreifach zu. Wie schön wäre es, wenn die Stadt hier im Geiste Munchs eine echte Begegnungsstätte geschaffen hätte. Eine Begegnungsstätte, die in Stimmung und Preisen mehr dem Berliner Kneipenmilieu ähnelte, in dem Munch mit Strindberg und anderen Freunden einst die Nächte verbrachte.

Urtümlicher und netter geht es da im Sommer im Frognerpark im Herzen der Stadt zu. Ein alter Gutshof, „Herregårdskroen", gibt die malerische Kulisse für ein gediegenes volkstümliches Gasthaus ab. Das Essen ist einfach, dafür reichlich, die Umgebung entspannend schön. Und der Kunstinteressierte sieht sich gleich im Herzen einer gigantischen Bildhaueranlage: das Lebenswerk Gustav Vigelands (1869–1943) – sinnvoll „Vigelandspark" genannt.

Leben und Tod, Geburt und Vollendung – der Mensch in all seinen gefühlsmäßigen Ausformungen, denen jedoch immer das natürliche Ende gesetzt ist – bestimmen das Werk des Bildhauers, der sein Leben (gegen das Verspre-

chen, nie Steuern zahlen zu müssen) dem Vigelandpark geweiht hat. Es sind teilweise titanische Figuren: ein altes Ehepaar in der letzten Umarmung, mit den Händen von Riesen. Oder der Monolit, diese aus einem Stück Stein gehauene Säule des Vergehens und Geborenwerdens, wo die Leiber ineinandergehen, wo Babybeine sich gegen die Häupter von Greisen stemmen.

Mitten im Herzen Oslos wird uns sinnenreiches Erleben geschenkt durch die künstlerische Ausdrucksstärke eines Bildhauers, die am stärksten wohl in seinem Brunnen des Lebens zum Ausdruck kommt. Die Darstellung der Hölle in der Mittelgruppe der Lebensfontäne zeigt die Visionen des Schrecklichen, wie sie in Nazideutschland und im Zweiten Weltkrieg Wirklichkeit wurden. Deutlich spürt man hier Vigelands geistige und künstlerische Nähe zu Edvard Munch. „Laßt uns aufhören, nur Interieurbilder und strickende Frauen zu malen. Lebendige Menschen darzustellen, die atmen, fühlen, leiden und lieben, das ist unsere Aufgabe", war sein Aufschrei.

Beide Männer, Kulturgiganten unserer Zeit, vereinsamten gegen Ende ihres Lebens. Die deutsche Besatzung veranlaßte beide, sich noch mehr zurückzuziehen, allein auf ihre Kunst konzentriert, während ein anderer alter großer Mann, Knut Hamsun, nicht zu diesem klugen Schweigen des Alters fand. In seiner abgöttischen Liebe zu Deutschland pries er den Führer Adolf Hitler. Bis heute hat man ihm dies nicht verziehen.

Oslo ist eine Reise wert, denn das hohe Preisniveau kann am Wochenende durchbrochen werden. Fast alle Hotels haben spezielle Rabattordnungen; und die Kielfähre, die einzige regelmäßige Fahrverbindung zwischen Deutschland und Norwegen, kann mit ihren kleinen Kreuzfahrten zu einem günstigen Preis schon einen durchaus interessanten Eindruck der Stadt vermitteln.

Norwegische Malerei. Peter Severin Kroyer (1851–1909): Musik im Atelier

Die Kirche

Auf der von uns bereits erwähnten Museumsinsel Bygdøy gibt es nicht nur Gegenstände aus der Vergangenheit zu sehen – nicht weit von Wikingerschiffen, Heyerdahls Floßen und Amundsens „Fram" entfernt liegt der Nacktbadestrand der Hauptstadt. Dies wäre an und für sich keine erwähnenswerte Sache, wenn hierher nun nicht auch der bekannteste Bischof der lutherisch-norwegischen Staatskirche käme: Per Lönning. Der Bischof, ausgestattet mit zwei Doktortiteln und zur intellektuellen Elite des Landes gehörend, sorgte 1975 mit seinem Engagement als Präsident des Nudistenvereins für Schlagzeilen. Doch hat er aus seinen Überzeugungen eben noch nie einen Hehl gemacht. Auch nicht, als die sozialdemokratische Regierung die Freigabe der Abtreibung beschloß. Der Bischof stellte sich als Abgeordneter der konservativen Partei gegen den Staat, legte aus Protest sein Amt und sein monatliches Einkommen nieder, zog sich den Talar aus und sprang in den eiskalten Oslofjord, um seine Wut abzureagieren. Er ist schließlich nicht nur Theologe, nicht nur Nudist, sondern auch ein Verfechter des Eisbadens.

Leider gilt es zu sagen, daß die lutherisch-norwegische Kirche, der 96 % der Bevölkerung angehören, nicht viele solcher kraftvollen Typen in leitender Position besitzt. Daher mag es kommen, daß die Gottesdienste oft nur schwach besucht sind. Überraschend ist es da zu hören, Norwegen stelle weltweit die meisten Missionare. Das kleine Volk von 4 Millionen Menschen hat 2000 Missionare in aller Herren Länder ausgesandt. Die kirchliche Nothilfe leistet in den Katastrophengebieten unseres Planeten vorbildliche Arbeit, die auch zu Hause große Beachtung und Anerkennung findet. So führte das norwegische Fernsehen 1986 z.B. eine ganztägige Spendenaktion zugunsten der kirchlichen Nothilfe durch. Im Verlaufe weniger Stunden wurden sage und schreibe 40 Millionen DM gesammelt.

Wie läßt sich diese blühende Missionsarbeit – im Gegensatz zum darbenden Gottesdienst – verstehen? Es ist vielleicht durch die Arbeit eines Mannes zu erklären, wenn auch nicht so leicht zu verstehen. Sein Name ist Hans Nielsen Hauge. Geboren 1771, starb er nach langer Kerkerhaft 1824. Als Wanderprediger, aber treues Glied der Staatskirche bekehrte er in vielen Dörfern die Menschen, gab ihnen das Beispiel eines lebendigen Christentums und zeigte ihnen, daß nicht nur der Kaufmann, der Apotheker, der Polizeichef wichtig seien und Anspruch auf die ersten Sitzreihen in den staatlichen Kirchen hätten.

Obwohl er nie gegen die Staatskirche predigte, wurde er den Bischöfen zu gefährlich, rührte er mit seinen Predigten doch immer wieder an die wunde Stelle der Selbstzufriedenheit, die mit christlichem Glauben nun gar nichts zu tun hat. Jahrelang saß er im Kerker. Die Haft brach seine Gesundheit, nicht aber seinen Glauben. Er hinterließ eine Volksbewegung, die ihren politischen Ausdruck schließlich in der liberalen Partei des Landes fand.

Die Haugianer blieben innerhalb der Staatskirche erhalten, doch wurden ihre Pfarrer streng auf die Verwaltung der Sakramente verwiesen. Ihnen sollte die erbauliche Predigt und die Missionsarbeit überlassen sein. Dies hat sich bis heute nicht geändert. Im „bedehus" – dem Gebetshaus – trifft sich die gläubige Gemeinde und dort, wo sie auch die politische Macht hat, sorgt sie dafür, daß es in ihrer Umgebung keinen Alkohol zu kaufen gibt. Wer trinkt, ist für sie ein Sünder. Von dieser moralisch bestimmten Unterscheidung der Einwohner ist Norwegen bis heute geprägt und wird es wohl auch bleiben.

Nachdem ihnen die „Liberalen Christen" doch zu freimütig geworden sind, haben die puritanischen Kreise, zusammen mit Freikirchen, die „Christliche Volkspartei" ins Leben gerufen, um die Volksmoral ebenso wie die eigene Zukunft zu sichern. Heute ist sie erstaunlicherweise die drittstärkste Partei Norwegens. Ihr Führer, ein lutherischer Pfarrer, hat die Entwicklungshilfe mit großen Buchstaben auf die Parteifahne geschrieben.

Eine gewisse religiöse Schwermut zeichnet die Norweger aus, die sich vielfach in einem wildwüsten Fluch entlädt, da man in den Gottesfragen nicht so schnell weiterkommt. Der norwegisch saftige Fluch hat immer etwas mit Religion zu tun. Zeichen dafür, daß sie nicht am Aussterben ist. Einige Beispiele: „Dra til helvete – Fahr zur Hölle"; „Din Satansdritt – du teuflischer Scheißkerl"; „Din jervel – du Teufel"; „Fy Faen – Oh Teufel". Mit diesen wenigen

Holzkirche in Borgund

norwegischen Flüchen wird man im ganzen Land sofort als Einheimischer anerkannt werden.

Wo bleiben in diesem protestantisch geprägten Land eigentlich die Katholiken? Es gibt sie tatsächlich hier, der Vatikan hat den Norden Europas nicht vergessen. Wer die Eismeerhauptstadt Tromsø besucht, wird mitten in der Stadt eines der ältesten Holzhäuser entdecken und daneben eine kleine, aber frisch gemalte Holzkirche, wo der Deutsche Gerd Göbel als nördlichster katholischer Bischof der Welt den Heiligen Stuhl vertritt. „Ich kam hier in den Norden als Menschenfischer", erzählt er mir von Herzen ehrlich, „nun fange ich oft nur echte Fische." Dennoch, die Katholiken sind da, ohne Macht zwar, aber mit etwas Weihrauch, bescheiden und offen.

Die Samen

Wer das gewichtige norwegische „Einbandlexikon" zur Hand nimmt und unter dem Buchstaben S nachschlägt, wird erst einmal mit einem halbseitigen Artikel über El Salvador konfrontiert, bevor er endlich zehn magere Zeilen zum Stichwort „Same" findet. Genauso wie im Lexikon sind die Samen (bzw. Lappen) auch im öffentlichen Leben Norwegens kaum präsent.

Niemand weiß genau, was das Wort „Same" bedeutet. Vielleicht heißt es einfach nur „Mensch". Die Samen schätzen es nicht, wenn sie Lappen genannt werden, obwohl ihr Land in allen Atlanten mit „Lappland" bezeichnet wird. Zu oft ist das Wort eben als Beschimpfung mißbraucht worden. Außer den Dänen und Isländern müssen die sonst so großzügigen und weltweit hilfsbereiten Skandinavier in Sachen hauseigener Minorität ein schlechtes Gewissen haben.

Die Samen sind die wahrscheinliche Urbevölkerung Skandinaviens. Von Finnen, Schweden und Norwegern immer mehr nach Norden verdrängt, fanden sie im Hochland der Finnmark ihre Heimat. Während sie einst als reine Nomaden mit ihren Rentieren den Futterplätzen entlang zogen, sind sie heute zum größten Teil seßhaft geworden. Nur noch 7% der 40–60000 Samen sind nomadisierende Rentierbesitzer.

Mit 22000 Personen leben in Norwegen die meisten Samen, davon 7000 alleine in Oslo. Oft genug getrauen sie sich nicht zuzugeben, der Urbevölkerung anzugehören. Eine Folge der oft erfahrenen Diskriminierung.

Die Samen haben über Jahrtausende eine einzigartige Überlebenskraft bewiesen. Ihr ökologisches Konzept war so gut ausgebaut, daß sie mit und von der Natur alleine leben konnten. Das Rentier, eines der genügsamsten Tiere, lebt im Winter von der Bergflechte und schafft es, mit den Hufen den gefrorenen Schnee aufzubrechen. Sein Fleisch ist mager und bietet den Samen die Ernährungsgrundlage. Die Sehnen des Tieres werden zum Nähen gebraucht, aus dem Horn macht man Messerschäfte, die Knochen bekommen die Hunde, das Fell liefert Kleidung und Schuhe, gegen die Kälte mit Gras ausgelegt. Im Sommer werden die Rentiere zum Grasen zur Küste getrieben. Hier wohnen meistens Norweger, die ihre Felder und Gärten gegen die hungrigen Rentiere beschützen wollen. Damit sind Konflikte unvermeidlich, die über Jahrhunderte hinweg immer zum Nachteil der Samen ausgingen. Ihre farbenfrohen blau-rot-goldenen Trachten spiegeln die Farben des Nordens wider. Die Samen haben die Sonne in den Mittelpunkt ihrer Verehrung gestellt. Ihre Priester, die Schamanen, mahnen mit Trommelschlägen und dem Joik – einem relativ einförmigen Gesang – die Schicksalsmächte herbei. Die Sprache der Samen ist für den Norweger total unverständlich. Daher durften früher die Samenkinder ihre Muttersprache auf norwegischen Schulen nicht gebrauchen. Die sonst so friedlichen Norweger führten sich im Norden ihres Landes wie Imperialisten englischer oder deutscher Prägung auf. Bis in die 50er Jahre dieses Jahrhunderts

185

war es verboten, in der Schule samische Musik zu singen!

Mit den norwegischen Händlern kamen die staatlichen Pfarrer und die Schnapshändler in den abgeschiedenen Norden des Landes. Für die Samen, die damals echte Nomaden waren, die Indianer Europas, begann mit dem Schnaps der kulturelle und menschliche Verfall. Gedemütigt von den skandinavischen Großmächten, verfielen sie einer kollektiven Depression, die im Alkoholmißbrauch ihr Ventil suchte. Für die Kaufleute war der Alkoholausschank eine gute und häufig gebrauchte Waffe, sich der Rentierherden zu bemächtigen und die freien Samen finanziell abhängig zu machen. Ein Volk vor dem sozialen Untergang, und sowohl Staat als auch Staatskirche taten nichts dagegen, sahen dem Verfall eher befriedigt zu. Doch einer konnte das Leid dieser Menschen nicht mehr ertragen: Es war Lars Levi Laestadius, ein Pfarrer der Schwedischen Staatskirche. Er wurde den Lappen ein Lappe, zog ihre Kleidung an, predigte in ihrer Sprache und riß sie aus dem Schlamm der Erniedrigung, wobei er in seinem eigenen Volk zum Ausgestoßenen wurde, in erster Linie unter seinen geistlichen Kollegen.

Die Samen bekamen den Selbstrespekt zurück. Ein Feuer der Erweckung ergriff sie. In der Samenhauptstadt Kautokeino kam es zum Zusammenstoß zwischen ihnen, dem streitbaren Pfarrer und dem Schnapsverkäufer. Das Blutbad von Kautokeino in der Mitte des 19. Jahrhunderts schaffte die ersten Märtyrer unter den Samen.

Von der Zeit der Erweckung – die in Nordnorwegen als Laestadianismus ihre Spuren hinterließ und sich durch stundenlange Predigten sowie einen rigorosen Moralismus auszeichnet, der selbst den Tannenbaum als heidnischen Brauch ablehnt – bis zu Beginn der 1980er Jahre tat sich wenig im Hinblick auf eine rechtliche und soziale Angleichung der Samen und Norweger. Doch dann explodierte auf einmal eine Bombe, die in der größten Polizeiaktion in der Nachkriegsgeschichte Norwegens endete.

Als die staatlichen Kraftwerke den Altafluß, der sich als einzigartige Naturperle durch das samische Heimatland windet, ausbauen wollten, erschienen einige Samenfamilien vor dem Parlamentsgebäude in Oslo. Sie mochten nichts mehr von der norwegischen Bevormundung wissen. Im ureigenen Rhythmus des „Joikes" bauten sie aus Birkenstämmen und Rentierhäuten hier ihr Zelt, das Lavoon, auf. Fünf der Protestierenden traten in einen Hungerstreik. Plötzlich, nach einem mehr als hundertjährigen Schweigen, stürmten die Samen in die Schlagzeilen. Die Mütter der hungernden Jungens kamen in ihren farbenprächtigen Trachten nach Oslo, wurden von der Ministerpräsidentin Gro Harlem Brundtland empfangen und besetzten prompt ihr Büro unter lauten Psalmengesängen. Ein Volk erwachte aus dem Dornröschenschlaf.

Doch aller Protest nützte nichts, der Ausbau des Flusses begann trotzdem. Die Begründung lautete, Norwegen brauche auch im Norden elektrische Kraft.

Damit war der Widerstand aber noch nicht

Samen im 18. Jh., bis vor kurzem noch Lappländer genannt.

gebrochen. Da, wo die Bagger mit dem Graben anfangen sollten, protestierten die Samen und ihre norwegischen Freunde. Sie ketteten sich aneinander und an den – ihnen heiligen – Boden fest. Verstört über so viel bis dahin unbekannten Widerstand, beschloß die sozialdemokratische Regierung, 1000 Polizisten aus ganz Norwegen nach Alta zu schicken. Ausgerechnet die Deutschlandfähre „Kronprinz Harald" wurde als Transport- und Wohnschiff gebraucht. 1000 Polizisten gegen 200 Demonstranten. Aber siehe da – alles lief friedlich ab. Die Polizisten schweißten mit einem Lächeln und einer Entschuldigung auf den Lippen die Ketten durch, sanft wurden die Demonstranten weggetragen. Es floß kein Blut. Heute ist der Fluß gestaut, doch die Samen sind als Volksgruppe der norwegischen Bevölkerung durch ihre mutige Aktion wesentlich nähergekommen. Damals zeichneten sie ihre Nationalfahne Blau-Gold-Rot. Heute haben sie eine eigene, vom Staat finanzierte Radiostation, ihre eigenen Ärzte, Juristen und Pastoren – und mit der in Hamburg an der Oper singenden Marianne Hirsti ihre wahrscheinlich erste international bekannte Opernsängerin.

Ich weiß nicht, wie kalt es draußen ist, aber auf dem Boden der Erdhütte wird es höchstens 10 Grad minus sein. Trotz meines dicken Schlafsacks friere ich wie einer, dem man ständig die Decke wegzieht. Um mich herum schnarchen fünf Männer. Ich habe einen Heidendurst.

Nachdem wir heute früh vom Samendorf Skoganvarra aufgebrochen waren und den ganzen Tag lang die Herde meines Freundes Alf gesucht hatten, fanden wir die Tiere gegen Abend endlich im Hochgebirge. Ich musste in der Erdhütte versuchen, Feuer im Ofen anzufachen. Mit einer stumpfen Axt schlug ich eine Krüppelbirke zu Kleinholz, obwohl sie mir, fest gefroren, mit einem hämischen Laut Contra gab, so dass schon nach wenigen Minuten beide Arme lahm wurden. Auf dem Ofen stand ein verbeulter Topf. Es dauerte Stunden, bis der Schnee zu Wasser wurde. Gegen 23 Uhr kamen die Freunde müde mit einem frisch geschlachteten Rentier in die Hütte. Das Rückgrat war herausgeschnitten und wurde in den Topf mit viel Salz geworfen. Nach einem langen, kalten Tag schmeckt so eine Suppe besser als das beste Cordon bleu im Hotel Atlantik zu Hamburg. Nur der Durst, der war schlimmer als in der Wüste. Und dann hatten wir kein Bier, nur geschmolzenen Schnee.

Im Niemandsland zwischen Wachen und Schlafen sehe ich wie Alf sich von seinem Rentierfell erhebt. "Warum gehst du denn", flüstere ich schlaftrunken. "Du, mir ist es hier einfach zu warm!" Und weg war er, verschwunden in der Polarnacht. Am nächsten Morgen finde ich ihn auf dem Schlitten liegend, nur in seiner Rentierkleidung, bei minus 34 Grad. Alf mit seinen 40 Jahren ist der beste Beweis dafür, dass sein Volk, die Samen, in der Arktis überleben werden.

Wir beide hatten uns in Oslo kennengelernt – als Kollegen in Sachen Journalismus. Alf Johansen war Reporter des norwegischen Fernsehens. Doch plötzlich sagte er: "Wem dienen die Neuigkeiten, unsere Welt braucht Nahrung. Ich mache lieber wieder Nahrung!" Er kündigte seine Stellung, obwohl gerade er als Same eine wirkliche Karriere vor sich hatte, zog in die Einsamkeit, baute sich ein Haus, das im Winter nur per Schi oder Motorschlitten zu erreichen ist, hat kein Telefon, keinen Fernseher, dafür eine Rentierherde, die sein ganzes Vermögen darstellt.

Bild nächste Doppelseite: *Sommeranfang auf der Hardangervidda. Auf dieser Hochebene (1100 m bis 1300 m) wird die Schneeschmelze manchmal vom nächstfolgenden Winter eingeholt.*

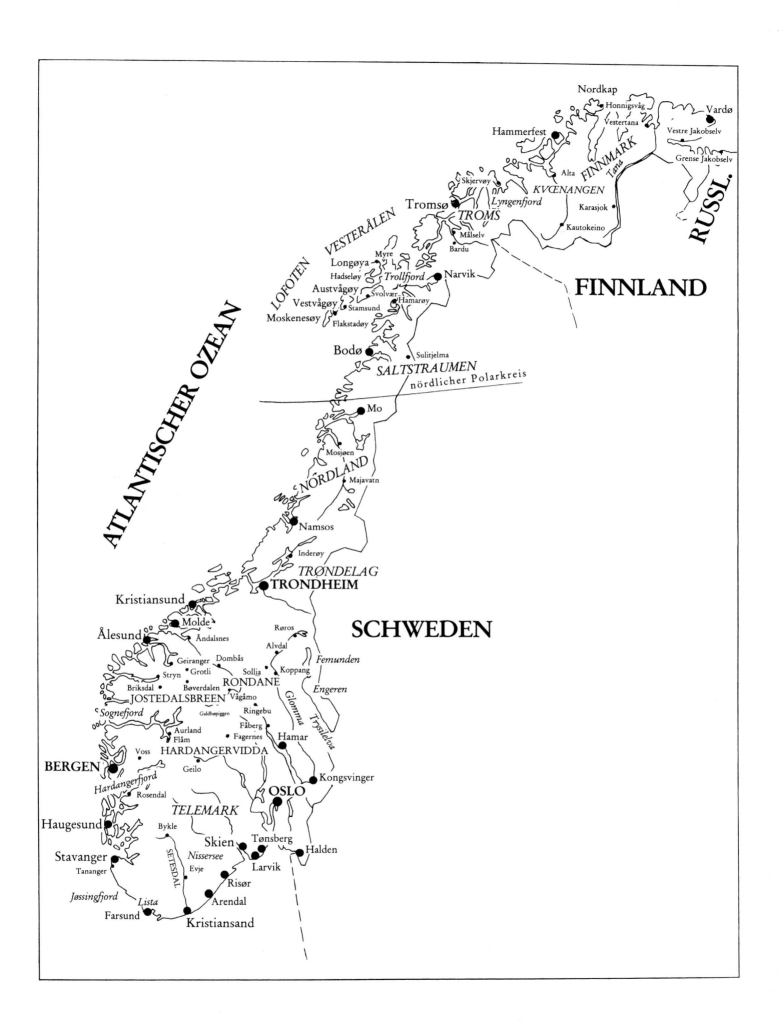